"移动互联网+电商营销"
实战宝典系列

一本书**玩转**

信息图制作

海天电商金融研究中心 编著

清华大学出版社
北京

内 容 简 介

本书是一本全面揭秘信息图制作的大全，从两条线帮助读者精通信息图制作：

一条是横向案例线，通过对目前信息图制作行业内应用极广泛的领域，如房地产、电商平台、网店、公司招聘、求职简历等，透析每个领域信息图的特色、优势与卖点，对相关的内容从制作的角度进行深入详解。

另一条是纵向技能线，通过全面了解，掌握信息图的制作工具，如Word、Excel、PowerPoint、Piktochart网站、Easel.ly网站、Infogr.am网站、Visual.ly网站、ICharts网站等，掌握信息图各类制作工具的使用。

全书共分为10章。具体内容包括：数据之美——信息可视化、信息之美——信息图解化、美化要素流程——保证质量、颜色之美——强化表达内涵、文字之美——字体增强信息、制作软件——基础入门工具、图形可视化——形象表达信息、图表可视化——高效整合数据、版式可视化——提升阅读感受、纯案例实战——信息图的应用。

本书结构清晰、语言简洁、图解丰富，适合初学信息图的设计师、从事设计相关行业的个人与公司、有意学习信息图制作的白领或工薪阶层、希望通过信息图传递相关信息的个体老板、企业高管、政府媒体等人群使用。

图书在版编目(CIP)数据

一本书玩转信息图制作/海天电商金融研究中心编著. —北京：清华大学出版社，2017

("移动互联网+电商营销"实战宝典系列)

ISBN 978-7-302-45247-8

Ⅰ. ①一… Ⅱ. ①海… Ⅲ. ①信息化—可视化仿真—视觉设计 Ⅳ. ①G202

中国版本图书馆CIP数据核字(2016)第244068号

责任编辑：杨作梅
装帧设计：杨玉兰
责任校对：吴春华
责任印制：杨 艳

出版发行：清华大学出版社

网　　　址：http://www.tup.com.cn, http://www.wqbook.com

地　　　址：北京清华大学学研大厦A座　　　　　　邮　　编：100084

社 总 机：010-62770175　　　　　　　　　　　　　邮　　购：010-62786544

投稿与读者服务：010-62776969, c-service@tup.tsinghua.edu.cn

质量反馈：010-62772015, zhiliang@tup.tsinghua.edu.cn

印 装 者：北京亿浓世纪彩色印刷有限公司

经　　销：全国新华书店

开　　本：170mm×240mm　　　印　张：15.75　　字　数：126千字

版　　次：2017年1月第1版　　　　印　次：2017年1月第1次印刷

印　　数：1～3000

定　　价：59.80元

产品编号：066702-01

前言

■ 写作驱动

随着信息可视化的升温，信息图越来越被人重视，有越来越多的设计师热衷于用信息图的方式，结合视觉上的美感将信息传达给读者，这种视觉传递信息的方式也被大众所喜爱。

本书以信息图制作为中心，通过基础篇、技巧篇、实战篇三大版块分别讲述信息图的基础知识、设计技巧及各类案例，配合全程图解，有利于读者的理解，帮助读者一本书玩转信息图制作。

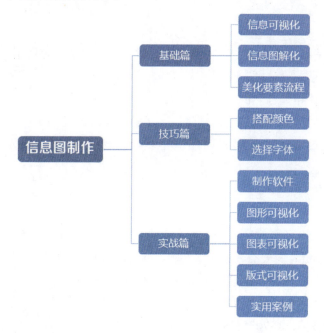

本书特色

本书主要特色：内容全面＋实用性强。

(1) 图文结合，实战性强：书中整合了 300 多张图片，理论与实际结合，帮助读者了解信息图的制作。

(2) 内容全面，专业性强：书中涵盖了信息图的 3 个基础制作软件、5 个在线制作工具、5 个信息图设计素材、6 个信息图分类、7 个信息图设计步骤、5 个实用信息图实例以及 390 多张精美图片，来帮助、指导读者了解和制作各个种类的信息图。

(3) 即学即用，实用性强：书中用到的信息图实例素材，可直接应用，或者以这些实例为模板稍做修改，即可制作出更多实用信息图。

适合人群

本书结构清晰、语言简洁、图解丰富，适合以下读者学习使用。

(1) 初学信息图设计师。

(2) 从事设计相关行业的个人与公司。

(3) 有意学习信息图制作的白领阶层、工薪阶层等。

(4) 希望通过信息图传递信息的个体老板、企业高管、政府媒体等人群。

作者信息

本书由海天电商金融研究中心编著，同时参加编写的人员还有杨侃滢、李四华、王力建、谭贤、谭俊杰、徐茜、刘嫔、苏高、柏慧、周旭阳、袁淑敏、谭中阳、杨端阳、刘伟、卢博、柏承能、刘桂花、刘胜璋、刘向东、刘松异等人，在此表示感谢。由于作者知识水平有限，书中难免有错误和疏漏之处，恳请广大读者批评指正，联系微信：157075539。

编　者

目录

数据之美：信息可视化 第1章

数据可视化到信息可视化是一个处于不断演变之中的概念，其边界在不断地扩大，本章从信息可视化的定义与意义和信息可视化的依据与优势两个方面，介绍了数据及信息可视化。

信息可视化的定义与意义

数据之美：信息可视化

信息可视化的依据与优势

1.1 信息可视化的定义与意义

今天的世界由信息建构而成，对信息的设计已成为一种新的能力需求。

1.1.1 数据可视化

数据可视化围绕"可读、逻辑、可用"的目的传递信息，将枯燥烦琐的数据转为视觉性强的数据图像信息，如图 1-1 所示。

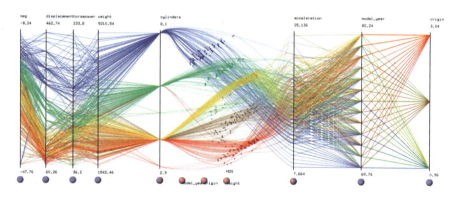

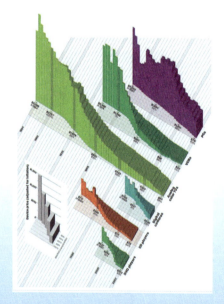

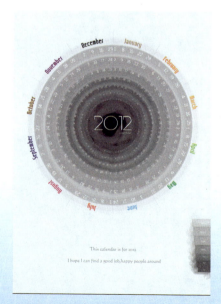

图 1-1　信息可视化

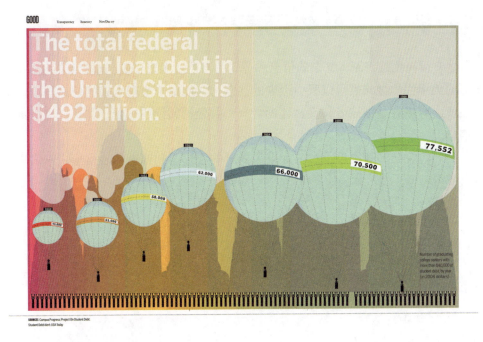

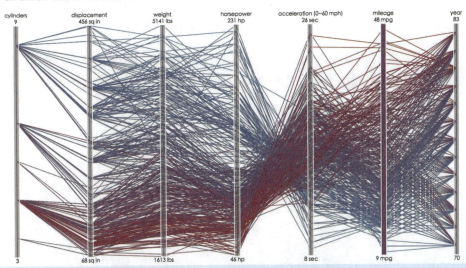

图 1-1　信息可视化（续）

1.1.2 信息可视化

信息可视化是将原本复杂的信息和逻辑关系通过图形正确、精准地表达出来。图形的美观性和趣味性可以吸引读者的注意力，而图形表现出来的信息与逻辑关系会使内容更容易被读者接受，让读者有一种轻松阅读的感受，并且能更好地接受信息。

例如，复杂的降雨量信息，如果用简单的象形图和明晰的表格形式来表现，就会变得一目了然，如图1-2所示。

图1-2　降雨量数据的可视化

例如，地球和物种起源具体是怎么回事儿？这种专业的信息，如果用图形加文字说明的形式表现出来，会让枯燥的信息变得有意思，如图1-3所示。

图1-3　地球和物种起源示意

这样的例子还有很多，如图 1-4 所示。

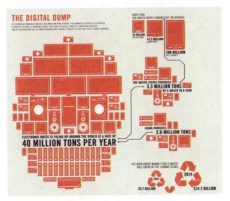

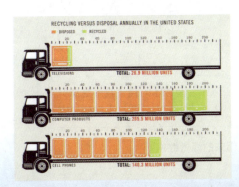

图 1-4　信息可视化图

信息可视化是一门了不起的学问，需要设计者既要有很好的交互意识，又要有一定的图形设计能力。

1.2　信息可视化的依据与优势

人类对图像化的信息有着与生俱来的敏感性，如图 1-5 所示。

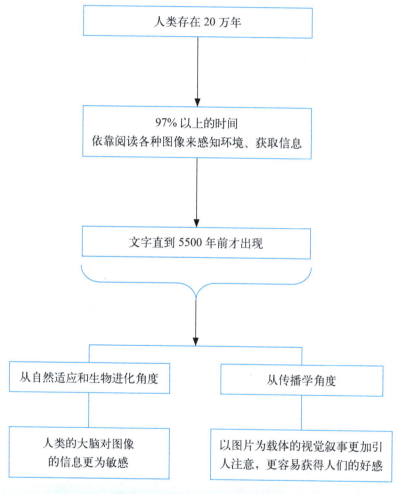

图 1-5　人们与生俱来的视觉敏感

1.2.1　信息可视化依据

根据数据调查显示，人们对图像的记忆程度、喜爱程度及转发程度更高，如图 1-6 所示。

图 1-6　信息可视化依据

信息可视化通过运用图形、图片，将文字信息和数据信息重新包装，给读者提供一种愉悦的轻松阅读体验。

有趣的信息可视化作品也很容易引起人们的注意，能够在社交媒体中成为一种非常灵活、流行的传播工具。

1.2.2　信息可视化优势

信息图已经在社会化网络运营中占有越来越重要的地位，它能够快速地吸引大家的眼球。运用丰富的设计元素，例如色彩缤纷的表格、华丽的图表、丰富的流程图和智能按钮。可以让读者很容易处理数据，因为他们的眼睛接收到的是设计简化过的内容。

普通的表现形式会有很多文字，在这个快速阅读时代，冗长的文字会消磨人们阅读的耐心，且容易跳过其中的重要信息，而如果采用复杂的字体设计，会增加人们眼睛的疲惫程度。

信息图改变了这种形式，它通过强大的视觉化冲击力，把枯燥的数据通过联系相关图形再加工表达出来，为人们减轻了阅读大量信息带来的信息过载负担。图 1-7 所示是信息图与纯文字信息的阅读对比。

在公共场合或室内封闭空间内，请不要吸烟，不要让您身边的人成为二手烟的受害者。

图 1-7　信息图与纯文字信息的阅读对比

信息之美：信息图解化　　第 2 章

　　信息图是指数据、信息或知识的可视化表现形式，主要应用于解释或表达复杂且大量的信息。本章主要介绍关于信息图的定义、分类、特点、应用 4 个方面的内容，并介绍信息图的相关知识。

	信息图的定义
信息之美：信息图解化	信息图的分类
	信息图的特点
	信息图的应用

2.1 信息图的定义

信息图形 (Infographic)，又称为信息图，是指数据、信息或知识的可视化表现形式。信息图主要用于资讯、地图、新闻、警示标志等方面。因为信息图可以非常正确地解释或表达繁杂的信息，信息图的设计目的就是化繁为简。

可视化和信息图在实际应用中，因为两者的极其相似性，常常会出现可以相互替换使用的情况。

但是这两者的概念其实是不同的，到底什么是区分这两者的关键？相关内容参见图 2-1。

图 2-1　区分可视化和信息图

2.2　信息图的分类

信息图的分类有很多种，各分类之间也并不是泾渭分明，所以，没有什么样的分类方法是最正确的。

在笔者看来，信息图可以分为 6 个大类，即图形、表格、图表、图解、统计图和地图，如图 2-2 所示。

图形　　　　　　　表格

图表　　　　　　　图解

统计图　　　　　　地图

图 2-2　信息图分类

信息图分类的具体形式如下。

(1) 图形信息图，举例如图 2-3 所示。

图 2-3　图形信息图示例

(2) 表格信息图，举例如图 2-4 所示。

图 2-4　表格信息图示例

(3) 图表信息图，举例如图 2-5 所示。

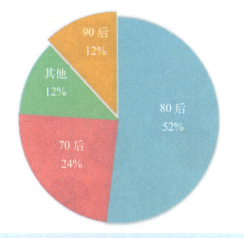

图 2-5　图表信息图示例

(4) 图解信息图，举例如图 2-6 所示。

图 2-6　图解信息图示例

(5) 统计图信息图，举例如图 2-7 所示。

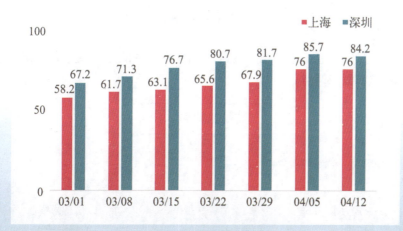

图 2-7　统计图信息图示例

(6) 地图信息图，举例如图 2-8 所示。

图 2-8　地图信息图示例

2.3　信息图的特点

一个高质量的信息图越来越受到运营者的喜欢，同时也被更多的读者所喜欢。信息图的特点有以下两点。

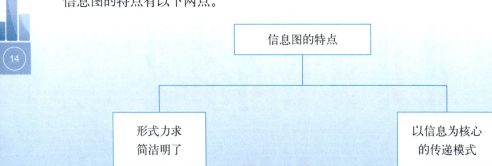

　　有些美观、富有创意的信息图甚至让人爱不释手，有效的信息图表达出来的信息容易被读者接受并分享，而传递给更多的人。信息图不仅可以提高读者的兴趣，同时可以获得很多高质量的外部链接。某信息图及其说明如图 2-9 所示。

　　这样一张咖啡种类信息图，不仅告知了读者不同咖啡的名称、读音，还通过图片的对比，告诉读者不同咖啡的成分区别。

　　这样的咖啡种类信息直观易记，如果是爱咖啡之人，谁不想将这样的信息图保存下来呢？

图 2-9　咖啡种类信息图及其说明

2.4　信息图的应用

信息图的制作流程如图 2-10 所示。

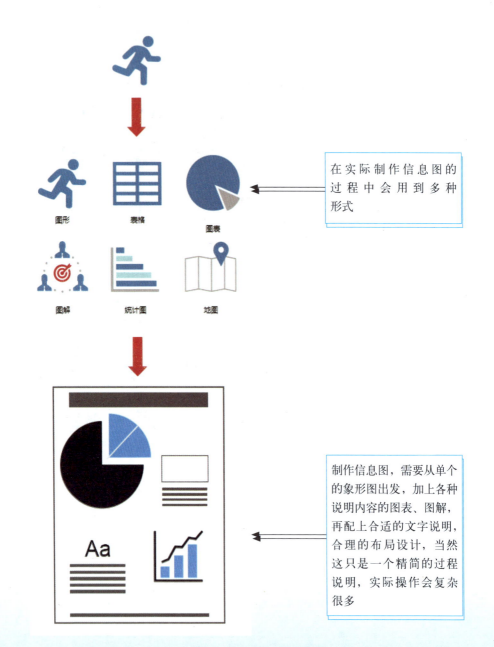

图 2-10 信息图的制作流程

　　信息图有两种常用的应用类型，一是呈现数据，二是陈述观点，但无论是呈现数据还是表达观点，都有纯文字所不能替代的功效。

现在信息图已被应用于我们生活的方方面面。例如体育资讯、文化娱乐、商业财经、生活健康等，如图 2-11~ 图 2-14 所示。

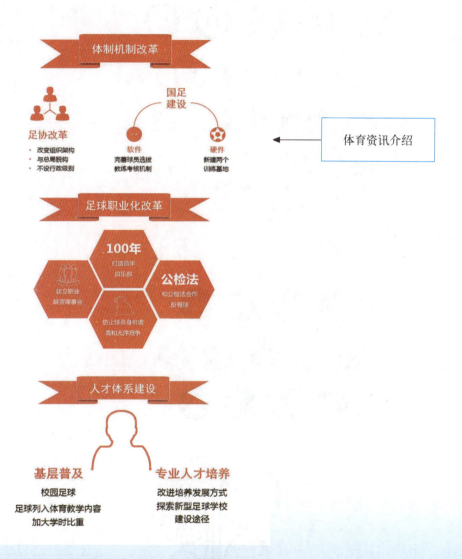

体育资讯介绍

图 2-11 信息图的应用 (1)

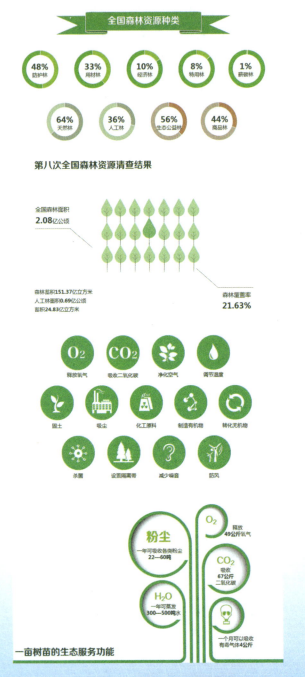

文化娱乐介绍

图 2-12　信息图的应用 (2)

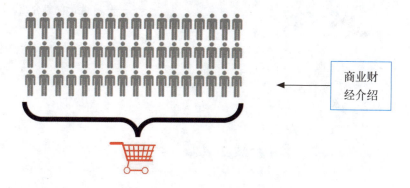

商业财
经介绍

2015年5月国内团购市场概况

成交额比例

销售比例

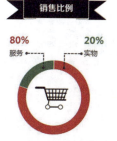

19

图 2-13　信息图的应用 (3)

生活健康介绍

图 2-14　信息图的应用 (4)

美化要素流程：保证质量 第3章

信息图美化要素是构成信息图的基本要素，美化流程是信息图不可少的流水线。本章将从这两个方面介绍信息图质量保障的要点。

美化要素流程：保证质量

美化要素
——信息图的零件

美化流程
——信息图的流水线

3.1 美化要素——信息图的零件

信息图美化的要素即创意、图形、图表、颜色、字体、布局，这些都是构成信息图的基本要素，是信息图的零件。

3.1.1 创意

创意 (Idea) 是一种创新的思维，是打破常规的哲学，是破旧立新的创造与毁灭的循环，是思维碰撞，智慧对接，是具有新颖性和创造性的想法。不同于寻常的解决方法。好的创意可以为生活带来方便，如图 3-1 所示。

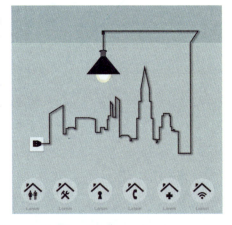

图 3-1　创意信息图

3.1.2　图形

图形 (Pictogram) 是文字的代替，是语言的图形补充，如图 3-2 所示。

图 3-2　图文互转

图形作为视觉化的图形语言，具有直观性、审美性、象征性和国际性的特点，如图 3-3 所示。

图 3-3　图形符号的特点

23

3.1.3　图表

图表 (Diagram) 是以抽象图形为元素，将数据类信息视觉化的一种信息表现形式，它能够将信息简单直观地呈现给读者。图表和图形一样，都是抓住想要传达的信息本质，将事物简单化。

图表在信息图中常常被用来描述趋势、组织结构、关系等，如图 3-4(a) ～ (e) 所示。

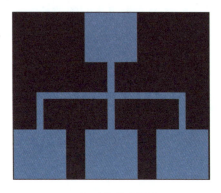

(a) 关系流程类图表

(b) 叙事插图型图表

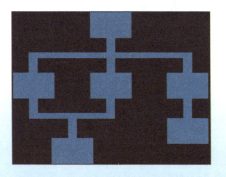

(c) 树状结构示意图

图 3-4　信息图中图表的类型

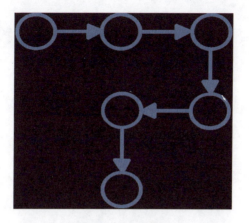

(d) 时间表述示意图

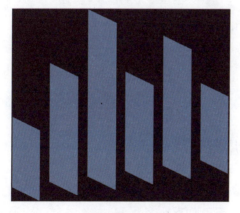

(e) 空间结构示意图

图 3-4　信息图中图表的类型 (续)

3.1.4　颜色

　　在信息图中，主要的组成部分就是文字、图形以及颜色 (Color)，而颜色是吸引人注意力的第一要素，视觉色彩效果强的信息图更能引起公众的关注，因此，色彩在信息图的设计中起着不容忽视的作用。

　　颜色具有 3 个属性，即色相、明度和纯度，如图 3-5 所示。

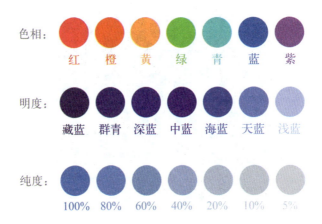

图 3-5　色彩的 3 个属性

在信息图的设计中，颜色的搭配是一个不容忽视的点，好的颜色搭配会提升视觉感受，而糟糕的颜色搭配会让人避而远之，不愿多看。

3.1.5　字体

不同的字体 (Font) 给人的感觉不一样。

1．宋体

宋体，整齐划一，规范易认，很受广大读者喜爱，一直是使用率最高和使用范围最广的印刷字体。示例如下：

宋体

宋体的特点如图 3-6 所示。

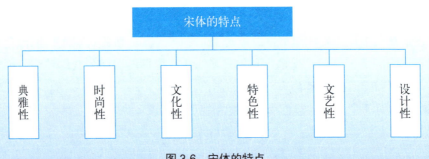

图 3-6　宋体的特点

2．黑体

黑体字体方正、粗犷、简洁，横竖笔形粗细视觉相等，笔形方头方尾，显得非常醒目，在生活中运用广泛。示例如下：

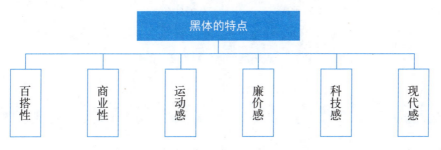

黑体的特点如图 3-7 所示。

图 3-7　黑体的特点

3．英文字体

英文字体可以分为两类，即有衬线字体 (serif) 和无衬线字体 (sans-serif)，如图 3-8 所示。

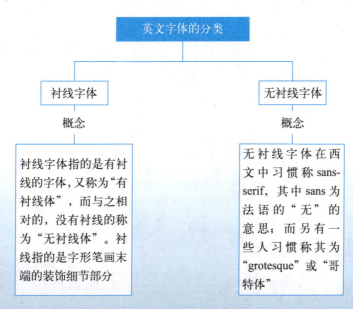

图 3-8　英文字体的分类

无衬线字体与衬线字体的对比如图 3-9 所示。

无衬线字体	AaBbCc
衬线字体	AaBbCc
衬线字体 的衬线 （红色部分）	AaBbCc

图 3-9　无衬线字体与衬线字体的对比

3.1.6　布局

　　布局 (Layout) 是一种设计行为与过程，是指在预先设定好的有限版面内，设计人员根据设计的主题和可视化需求，运用设计要素和设计形式，将文字、图形、图片、颜色、字体等可视化信息要素进行有组织、有目的的组合排列。

　　常见的单向型布局有竖向通栏、双栏、三栏和四栏等。信息图在编排上如果采用单向型布局，会给读者一种严谨、规整、和谐、理性、有序的美，如图 3-10 所示。

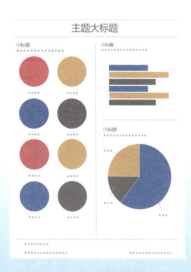

图 3-10　单向型布局

对称的版式，给人稳定、理性的感受。一般多采用相对对称手法，以避免过于严谨。对称一般以左右对称居多，如图 3-11 所示。

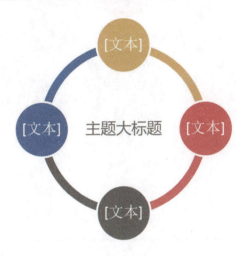

图 3-11　对称布局

在圆形、矩形、三角形等基本图形中，正三角形（金字塔形）最具有安全稳定因素，所以三角形的信息图给人稳定的感觉，如图 3-12 所示。

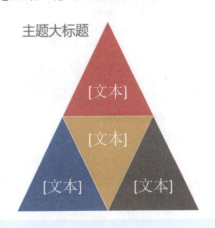

图 3-12　三角形布局

重心型布局一般有以下 3 种类型。

● 直接以独立而轮廓分明的形象占据版面中心，如图 3-13 所示。

● 向心布局，即视觉元素向版面中心聚拢的布局形式。

● 离心布局，犹如石子投入水中，产生一圈一圈向外扩散的弧线运动。

图 3-13　重心型布局

　　曲线布局也有其规律，并不是随意乱排，信息图中的图片和文字排列成曲线，产生韵律与节奏的感觉，可以达到活跃版面的效果，如图 3-14 所示。

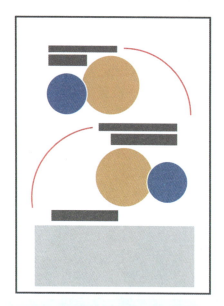

图 3-14　曲线布局

3.2　美化流程——信息图的流水线

　　下面介绍信息图美化流程。

3.2.1　步骤 1：明确需求

　　明确读者的需求是信息图制作前非常重要的准备工作，就像写书，需要有一个读者定位一样，信息图的制作也需要明确读者，也就是说，设计、制作的信息图要给谁看。

　　在明确了读者之后，就要想想读者能从你做的信息图里获取什么样的信息，这些信息是不是刚好符合读者的需求，如图 3-15 所示。

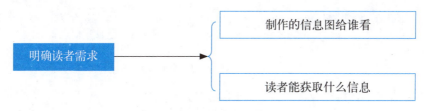

图 3-15　明确读者需求

3.2.2　步骤 2：选定主题

　　选定主题的步骤与意义，如图 3-16 所示。

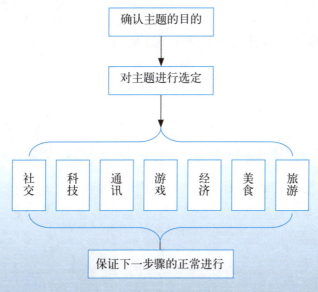

图 3-16　选定主题的步骤与意义

3.2.3　步骤3：调查信息

选定了主题后，就要开展相关信息的调查。

调查最需要注意的就是信息的可信度，一般信息的获取途径有两种，如图 3-17 所示。

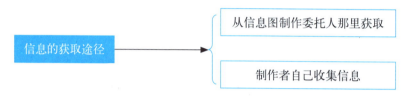

图 3-17　信息图信息的获取途径

如果是制作者自己收集信息，可以采取以下方法。

● 请调查公司协助，或直接购买调查公司的调查数据。

● 进行问卷调查。

● 从报纸、杂志、书籍等传统纸质媒体上收集信息。

● 在可靠的网站上收集信息。

3.2.4　步骤4：整理内容

将收集到的信息，进行整理和整顿，如图 3-18 所示。

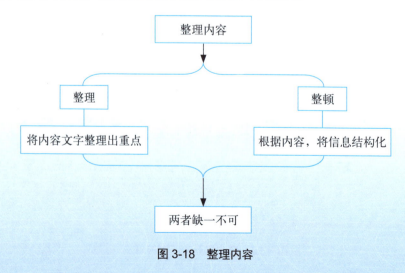

图 3-18　整理内容

3.2.5　步骤 5：画出草图

对于大多数人，纸笔依然是首选的构图工具，可以快速成型，方便修改。现在很多软件工具构图也很方便，如果使用在线绘图工具推荐 Google Slides (图 3-19)、Gliffy(图 3-20) 或者 Creatly(图 3-21)，Gliffy 和 Creatly 有免费版本，Creatly 还有素材库，里面收集了很多优秀的信息图，是不错的选择。

图 3-19　Google Slides

图 3-20　Gliffy

图 3-21　Creatly

信息图的设计有几个共同的要素。

1. 标题

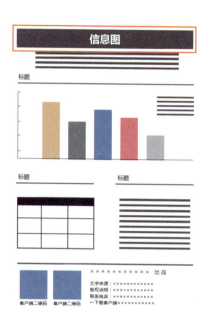

　　信息图的标题要放在醒目的页眉处。标题要选用能够概括整个信息图内容的词语。

　　在一些社交媒体或者博客上分享信息图时，用简介作为信息图标题的情况也有。

2. 信息源

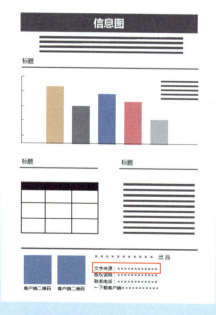

　　要将以什么为原始数据，即信息图制作所使用的信息源标出来，通常信息源位于页尾处。

　　信息源通常是调查数据的名称、书名、网址等。

　　对于注重时效性的信息图而言，标明信息获取的时间也是有必要的。

3. 发布人与制作者

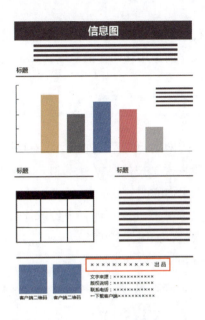

　　为了表明信息图是谁发布的、谁制作的，要在图中说明或标明 LOGO、二维码、链接等信息。

　　如果信息图是用作宣传的，还需要标出联系方式。

4. 其他

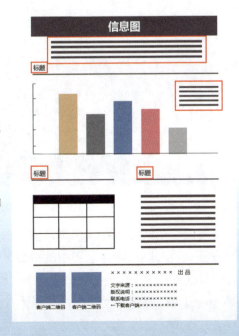

　　作为标题的补充，加入简介来说明信息图的主要内容，效果会更好。

　　加入小标题可以区分各个信息区域，也可以加入视觉效果来补白。

　　在一些容易造成误解的地方添加注解也是有必要的。

3.2.6 步骤6：执行设计

执行设计就是将草图的内容补充完整，利用自己熟悉的绘图软件制作出来。如果之前是用软件作的草图，那么执行设计步骤就会简单很多。

3.2.7 步骤7：检查细节

不同的网站对图片的处理要求有所不同。

一般来说，把信息图分享到 Facebook 或者 Twitter 时，这些站点并不是总能够完美显示你的图片。

比如，在 Twitter 里面，上传图片时需要将图片调整到宽度为 500 像素，高度为 250 像素，如图 3-22 所示，如果信息图比例不合适，会让信息图预览图的美观度大打折扣，影响点击量。

图 3-22　信息图显示

为了解决这个问题，可以在制作信息图之前，将信息图的大小按照 2:1 的比例进行设置，也可以选择信息图中做得最好的部分，截图并创建一个 2:1 比例的新图片，将这张截图上传并分享到 Twitter 就可以了。

另外，也可以专门为发布在社交媒体上的信息图重新进行比例调整，这样可以让读者获得最完美的阅读体验。

颜色之美：强化表达内涵 第4章

颜色的运用是门学问，它在设计中占的位置极其重要，本章从行业和主题两个方面，介绍在制作信息图时，应该如何把握颜色这一重要组成要素。

颜色印象
——行业的印象表达

颜色之美：强化表达内涵

颜色应用
——主题的气氛表达

4.1 颜色印象——行业的印象表达

色彩是非语言方式的情感表达，不同的颜色会让人产生不同的联想，如图 4-1 所示。每一个行业都会有与之对应的色彩表达。

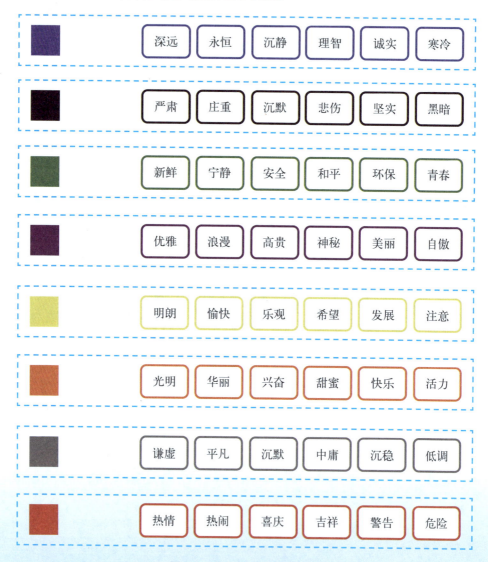

图 4-1 颜色对应的情感表达

冷暖色分别适应的行业差别很大，当然也会有重合的情况，如图 4-2 所示。

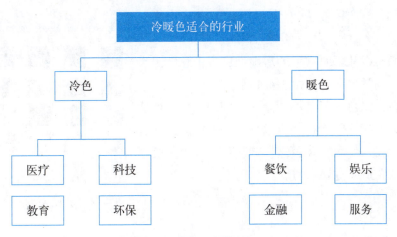

图 4-2　冷暖色适合的行业

当然，在为不同的行业进行色彩设计时，也会出现以下两种形式，如图4-3所示。

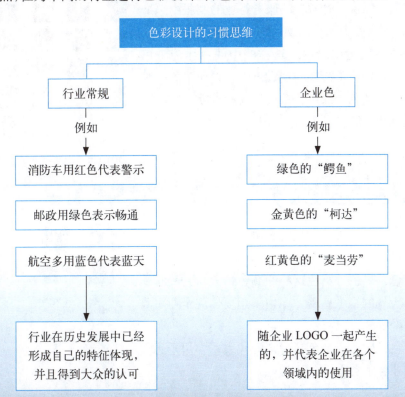

图 4-3　色彩设计的习惯思维

4.1.1　房地产行业的配色

　　我们可以从平时常见的房地产广告中总结出房地产行业的常用配色，如图4-4所示。

　　蓝色、绿色、紫色都是偏冷色调的颜色，房地产行业运用这样的冷色调可以给人一种宁静、宜居的视觉感受，红色、黄色这样的暖色在其中一般是做点缀，营造视觉聚焦的点。

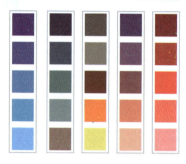

图4-4　房地产行业的常用配色

4.1.2　服务行业的配色

　　我们可以从平时常见的服务行业的制服中总结出服务行业的常用配色，如图4-5所示。

　　服务行业运用黑白灰这样的中间色作为主色调，给人一种稳重踏实的视觉感受。餐饮服务一般添加红色、黄色、绿色，暖色使人有食欲，绿色让人感觉自然和健康。蓝色多用于航空，代表蓝天。

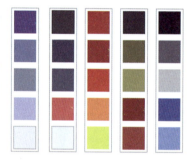

图4-5　服务行业的常用配色

4.1.3　金融行业的配色

　　我们可以从平时常见的金融行业商标、实物总结出常用配色，如图4-6所示。

　　蓝色、黑色、灰色这样的颜色给人一种稳重、高端、大气的视觉感受，多用于想要体现企业可靠性的金融机构。

　　红色、橙色、黄色是财富的代表，多用于想要体现企业经济实力的金融机构。

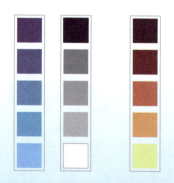

图4-6　金融行业的常用配色

4.1.4 教育行业的配色

　　我们可以从平时常见的教育机构商标、宣传海报总结出教育行业常用配色，如图 4-7 所示。

　　蓝色、绿色这样的颜色给人展现出一种理性的视觉感受，多用于学习理论的教育机构中。

　　橙色、黄色显得活泼、有活力，多用于儿童教育机构。

图 4-7　教育行业的常用配色

4.1.5 医疗行业的配色

　　医疗领域的配色一般是冷色系，冷蓝冷绿为主，蓝色和绿色可以让人感觉冷静、放松。如果把冷色换成暖色，医学的感觉就消失了，如图 4-8 所示。

VS

图 4-8　医疗行业的常用配色

所以，医疗行业信息图的配色选择冷色比较合适。

4.1.6　餐饮行业的配色

餐饮行业的配色一般是暖色系，暖黄、大红、橙色都能勾起人们的食欲。如果把食物变成冷色，看上去就会显得特别满足食欲，如图 4-9 所示。

VS

图 4-9　餐饮行业的常用配色

所以，餐饮类的信息图适合用暖色。

4.2　颜色应用——主题的气氛表达

色彩在主题方面的应用也存在差异性。

4.2.1　以性别为主题的配色

不同性别对色彩会有不同的理解，如图 4-10 所示。

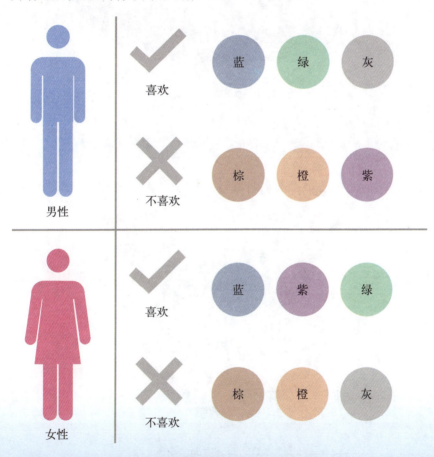

图 4-10　不同性别对色彩会有不同的理解

　　在设计信息图时，可以针对已定位读者的性别选择配色，使信息图的色彩沟通能力得到更好的发挥。比如要介绍一款新上市的女式衬衫的成分，运用女性喜欢的颜色更容易被接受，如图 4-11 所示。

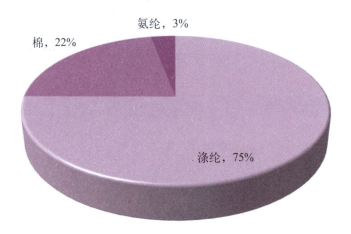

图 4-11 女式衬衫的成分表

4.2.2 以环保为主题的配色

我们常见的环保主题的配色如图 4-12 所示。

图 4-12 环保主题的配色

环保主题的配色大多来自自然界，比如植物的绿色、大地的棕色等。

如果制作环保主题的信息图，可以根据自然界的颜色进行色彩搭配，选择颜色的具体方法如下所示。

① 在 PowerPoint 2013 中插入一张合适的图片，在图片的旁边插入 3 ~ 5 个正方形，如图 4-13 所示。

图 4-13　插入图片和正方形

② 在"形状填充"下拉列表中选择"取色器"选项，在图片中选取颜色，如图 4-14 所示。

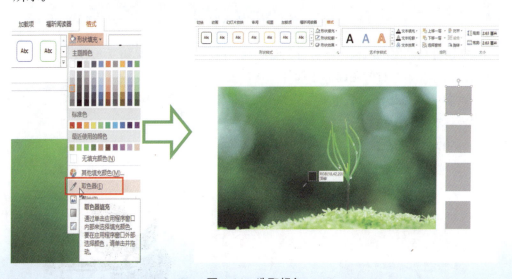

图 4-14　选取颜色

③ 用同样的方法选取其他颜色即可,如图 4-15 所示。

图 4-15　选取颜色

4.2.3　以节日为主题的配色

在设计信息图的时候,不可避免会遇到一些特殊主题,比如情人节、万圣节、圣诞节、春节等节日的主题。下面介绍这些主题的配色。

我们可以通过无彩色和主题相关配色的同一张图形来体会颜色对气氛表达的作用,具体如下所示。

1. 情人节的配色

 VS

情人节是什么样的?玫瑰花、爱心、温馨、浪漫,红色或者粉红色系最能体现情人节的气氛,通过颜色制造的氛围自然就能表达出节日的情感,满满都是爱

2. 万圣节的配色

万圣节是什么样的？南瓜、巫婆、神秘、诡异，黑色、橙色是万圣节的基本色调，后又加入了蓝色、深紫色等，加重了节日的气氛

3. 圣诞节的配色

圣诞节是什么样的？大家都很熟悉，圣诞树、圣诞老人、各式各样的铃铛、各类礼物，彰显喜庆热闹。圣诞树的绿色、圣诞帽的红色，装饰性的黄色，凑在一起就能体现圣诞节的气氛

4. 春节的配色

春节是什么样的？大红灯笼高高挂起，家家户户贴上春联，噼里啪啦热闹地放鞭炮，红红火火、热热闹闹，红色和黄色就是春节最有代表性的颜色，最能体现春节的气氛

文字之美：字体的美化

文字在信息图中占有重要位置，设计者要明确信息图设计的目的，应选择与之对应的文字编排方式及合适的字体。本章从文字的编排和字体的选择两个方面介绍信息图文字字体的重要性。

文字应用
——信息图文字编排

文字之美：字体的美化

字体应用
——信息图字体选择

5.1 文字应用——信息图文字编排

在信息图中文字占有重要位置，下面介绍信息图文字编排的技巧。

5.1.1 长段文字巧妙排列

在信息图中，长段文字的排列方式是有规律可循的，下面介绍一些长段文字排列的技巧。

首先准备一段文字和适合的图形或图片

单镜头反光式取景照相机，又称作单反相机。"单镜头"是指摄影曝光光路和取景光路共用一个镜头，不像旁轴相机或者双反相机那样取景光路有独立镜头。"反光"是指相机内一块平面反光镜将两个光路分开：取景时反光镜落下，将镜头的光线反射到五棱镜，再到取景窗；拍摄时反光镜快速抬起，光线可以照射到感光元件 CMOS 或 CCD 上。

长段文字排列的方式有 4 种

| 两端对齐 | 居中对齐 | 齐左齐右 | 文字绕图 |

1. 两端对齐

单镜头反光式取景照相机，又称作单反相机。"单镜头"是指摄影曝光光路和取景光路共用一个镜头，不像旁轴相机或者双反相机那样取景光路有独立镜头。"反光"是指相机内一块平面反光镜将两个光路分开：取景时反光镜落下，将镜头的光线反射到五棱镜，再到取景窗；拍摄时反光镜快速抬起，光线可以照射到感光元件 CMOS 或 CCD 上。

2. 居中对齐

单镜头反光式取景照相机，又称作单反相机。"单镜头"是指摄影曝光光路和取景光路共用一个镜头，不像旁轴相机或者双反相机那样取景光路有独立镜头。"反光"是指相机内一块平面反光镜将两个光路分开：取景时反光镜落下，将镜头的光线反射到五棱镜，再到取景窗；拍摄时反光镜快速抬起，光线可以照射到感光元件CMOS 或 CCD 上。

3. 齐左齐右

单镜头反光式取景照相机，又称作单反相机。"单镜头"是指摄影曝光光路和取景光路共用一个镜头，不像旁轴相机或者双反相机那样取景光路有独立镜头。

"反光"是指相机内一块平面反光镜将两个光路分开，曲靖市反光镜落下，将镜头的光线反射到五棱镜，在到取景窗；拍摄反光镜快速抬起，光线可以照射到感光元件 CMOS 或 CCD 上。

4. 文字绕图

单镜头反光式取景照相机，又称作单反相机。"单镜头"是指摄影曝光光路和取景光路共用一个镜头，不像旁轴相机或者双反相机那样取景光路有独立镜头。"反光"是指相机内一块平面反光镜将两个光路分开；曲靖市反光镜落下，将镜头的光线反射到五棱镜，在到取景窗；拍摄反光镜快速抬起，光线可以照射到感光元件 CMOS 或 CCD 上。

5.1.2　突出文字中的重点

对文字进行编排时，我们可以采取文字加粗、改变文字颜色、改变字体等方式，突出文字中的重点。

1. 文字加粗

> **单镜头反光式取景照相机**，又称作单反相机。**"单镜头"** 是指摄影曝光光路和取景光路共用一个镜头，不像旁轴相机或者双反相机那样取景光路有独立镜头。**"反光"** 是指相机内一块平面反光镜将两个光路分开；曲靖市反光镜落下，将镜头的光线反射到五棱镜，在到取景窗；拍摄反光镜快速抬起，光线可以照射到感光元件 CMOS 或 CCD 上。

2. 改变文字颜色

> **单镜头反光式取景照相机**，又称作单反相机。**"单镜头"** 是指摄影曝光光路和取景光路共用一个镜头，不像旁轴相机或者双反相机那样取景光路有独立镜头。**"反光"** 是指相机内一块平面反光镜将两个光路分开；曲靖市反光镜落下，将镜头的光线反射到五棱镜，在到取景窗；拍摄反光镜快速抬起，光线可以照射到感光元件 CMOS 或 CCD 上。

3. 改变字体

> **单镜头反光式取景照相机**，又称作单反相机。**"单镜头"** 是指摄影曝光光路和取景光路共用一个镜头，不像旁轴相机或者双反相机那样取景光路有独立镜头。**"反光"** 是指相机内一块平面反光镜将两个光路分开；曲靖市反光镜落下，将镜头的光线反射到五棱镜，在到取景窗；拍摄反光镜快速抬起，光线可以照射到感光元件 CMOS 或 CCD 上。

5.1.3　文字的图形化表达

在制作信息图时，将文字进行图形化表达是一个非常不错的选择。

1. 文字到图形

2. 图形到文字

5.2　字体应用——信息图字体选择

信息图中字体的选择很重要，很多字体都有鲜明的情绪、风格特征，比如庄重、随性、有趣、优雅等，设计者要明确信息图设计的目的，选择与之相适应的字体。

5.2.1　字体样式形成对比

在设计给孩子看的东西的时候，可以选取可爱的、圆润的、像气球形态的字体，并采用鲜艳的色彩，容易吸引孩子的注意力。但是为了平衡整个版面，不能所有的字体都采用圆润可爱的字体，还需要有一些庄重、优雅的字体，两种字体形成恰到好处的互补对比，如图 5-1 所示。

图 5-1　选择互补字体

　　一般的对比应用里面，中文里宋体系列和黑体系列可以形成互补，英文里面衬线体和无衬线体可以形成互补。

　　比如设计信息图时，标题采用宋体，正文就可以用黑体，反过来亦可；运用到英文的部分，标题用衬线体，正文就用无衬线体，反过来亦可。

5.2.2　字体其他对比形式

　　除了字体样式上的对比，还有很多方法可以实现对比，包括字体和字号，粗细和颜色等。

1. 字体的字号对比

明明是一样的内容，但由于两种字号的不同，突出的主体就不一样了。

55

2. 字体的粗细对比

字体粗细不同表达的感觉也不同,它们搭配使用会更好。

3. 字体的颜色对比

无彩色和彩色的对比很明显，无彩色给人传达的感情很单一，不如五彩缤纷来得丰富与精彩。

5.2.3　字体搭配不宜相似

　　信息图的内容一般都比较多，在选择对比字体时，不宜选择太过类似的，因为类似的字体很难体现出文字的层次，也就很难找到重点。

　　信息图的设计中，如果所用文字的字体具有类似的字号、比例和字母形状，会让信息图看起来混乱、含糊，特别是当字体使用了相同的字号时，如下所示。

LET'S PARTY
LET'S PARTY

上面的两个字体，只有一些细微的区别，如果信息图中使用这两种字体，没有办法很好进行辨认，形成不了很好的对比，使层次不明。

有一个简单区分两种字体是否太过相似的方法

把两种字体并排放置在屏幕上，然后坐下来斜视它们。如果这时它们看起来几乎差不多，你就要考虑更换对比更强烈的字体了。

制作软件：基础入门工具 第6章

信息图的制作自然少不了工具的运用，本章从基础制作软件和快速制作网站两个方面来介绍信息图制作的相关工具。

基础——信息图制作
常用的简单软件

制作软件：基础入门工具

捷径——快速制作
信息图的网站

6.1 基础——信息图制作常用的简单软件

很多人觉得信息图不好做，可能是觉得自己对 Photoshop、Illustrator 这样的专业图形处理软件不熟悉、不会用，但其实制作信息图并不一定要用这些复杂的专业图形处理软件。我们平时常用的 Word、Excel、PowerPoint (下面简称 PPT) 一样能帮助我们完成信息图的制作。

6.1.1 Word：图形轻松搞定

Word 更新至 2013 版之后，其功能除了 SmartArt 和"图表"功能部分不如 PPT 以外，其他的功能都足以制作信息图。如图 6-1 所示，这样的信息图就能用 Word 制作出来。

图 6-1　长沙地铁 1 号线

6.1.2 Excel：图表超强助手

Excel 不能像 Word 和 PPT 一样制作出一整张信息图，但是 Excel 是图表部分的绝佳辅助工具，各式各样的图表都能通过 Excel 表示出来，如图 6-2 所示。

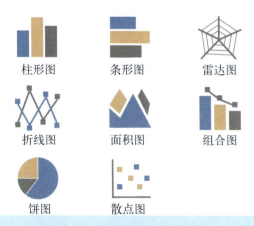

图 6-2　Excel 图表的类型

6.1.3　PowerPoint：全能型软件

　　PPT 拥有不亚于专业图形处理软件的强大功能，很多 Photoshop、Illustrator 能做的图，PPT 也能做，并且花费的时间会更少，操作起来也更简单。

　　拿形状组合来说，Photoshop 里的操作时间会比 PPT 的操作时间长，且操作更为复杂，但效果其实是一样的，如图 6-3 所示。

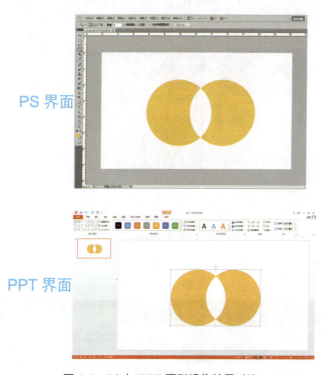

图 6-3　PS 与 PPT 图形操作效果对比

6.2　捷径——快速制作信息图的网站

　　随着信息图的大热，出现了很多可以在线制作信息图的网站。这些网站的优势在于它们拥有极强的便捷性，而且它们本身的基本设计具备一定的参考价值。当然，这些在线信息图制作网站也有局限性，比如字体使用的限制、对象的移动、编辑的限制等。下面笔者介绍几款快速制作信息图网站，供大家学习和参考。

6.2.1　Piktochart 网站：简洁的信息图在线制作工具

　　Piktochart 是 2012 年 3 月在马来西亚上线的信息图在线制作工具，如图 6-4 所示，因其用户界面简洁，制作方法简单等优点，获得了大量用户的支持与喜爱。

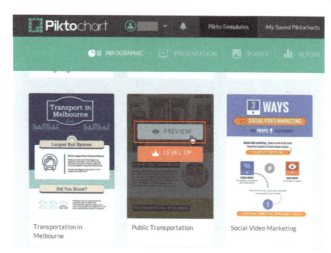

图 6-4　Piktochart 网站

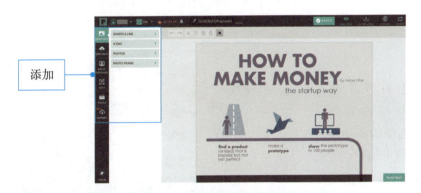

图 6-4　Piktochart 网站（续）

6.2.2　Easel.ly 网站：任何人都可以自己设计信息图

　　Easel.ly 网站创建于 2012 年，上线后没多久就迅速吸纳了大量用户，其内容丰富，图形有趣，制作方便，且任何人都可以自己设计信息图，其模板如图 6-5 所示。

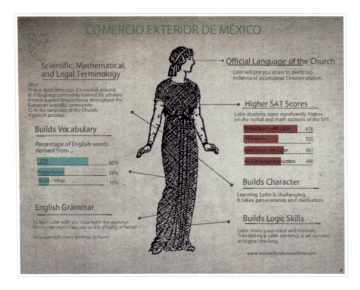

图 6-5　Easel.ly 信息图模板

大致操作步骤如下所示。

①打开并进入 Easel.ly 网站界面，拖动右侧的滑动条，可浏览 Easel.ly 网站的信息图，单击相应信息图选项，即可进入相应模板的编辑窗口，如图 6-6 所示。

图 6-6　Easel.Ly 网站

图 6-7　Easel.ly 信息图的编辑界面

② 进入编辑窗口后，可以选择添加 / 删除信息，还可以拖曳一些素材至编辑面板作为点缀，如图 6-7 所示。

6.2.3　Infogr.am 网站：导入数据快速创建信息图

Infogr.am 网站可以通过导入数据快速创建信息图，大致的操作如下所示。

① 打开 Infogr.am 网站，单击 Log in 按钮，即可进入登录界面，输入用户账号及密码即可进入，如图 6-8 所示。

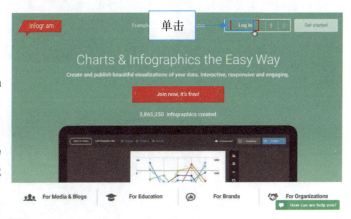

图 6-8　单击 Log in 按钮

② 进入创建页面后，单击 Infographic or Report 按钮，开始创建信息图，如图 6-9 所示。

图 6-9　单击 Infographic or Report 按钮

③ 进 入 Pick a theme for your project 页面，从模板中选择一个符合自己需要的，单击 Use design 按钮，如图 6-10 所示。

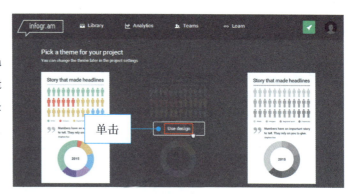

图 6-10　单击 Use design 按钮

④ 进 入 信 息 图编辑页面，单击编辑栏上的按钮，可以进行信息图的个性化设置，如图 6-11 所示。

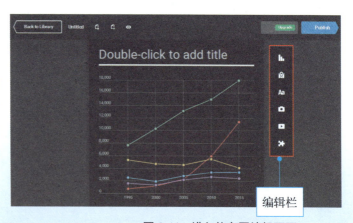

图 6-11　进入信息图编辑页面

6.2.4　Visual.ly 网站：简单的自动化信息图制作工具

Visual.ly 是一个自动化制作信息图工具，操作简单，可以快速而简易插入不同种类的数据，并通过图形将数据表达出来，如图 6-12 所示。

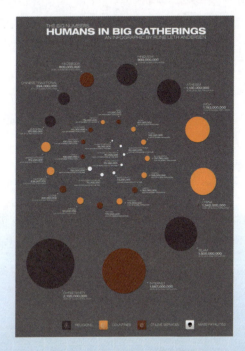

图 6-12　Visual.ly 信息图作品

Visual.ly 网站大致的操作如下所示。

① 在 浏 览 器 的 地 址 栏 里 输 入 网 站 地 址 http:// create.visual.ly/，打 开 网 站，单 击 Get Started 按 钮，进 入 创 建 页 面，如图 6-13 所示。

图 6-13　单击 Get Started 按钮

② 进入创建页 面 后，单 击 Login with Twitter 按 钮，登录后即可进行信 息图制作，如图 6-14 所示。

图 6-14　单击 Login with Twitter 按钮

6.2.5　ICharts 网站：高分辨率的信息图在线制作工具

ICharts 是一款可视化云服务工具，可以方便地制作高分辨率的可视化与信息图。ICharts 目前不接受个人用户注册，但用户可以直接引用其提供的 Flash 图表，优势如图 6-15 所示。

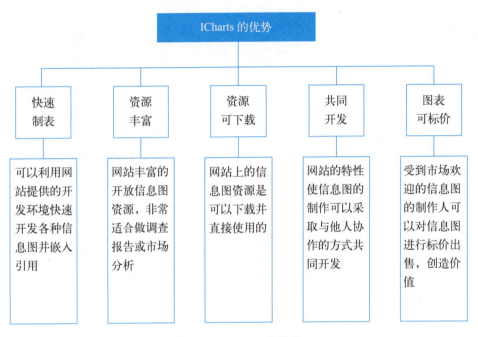

图 6-15　ICharts 的优势

ICharts 网站查看模板的操作如下所示。

① 在浏览器的地址栏里输入 http://icharts.net/，打开网站，进入 ICharts 网站首页，如图 6-16 所示。

图 6-16　进入 ICharts 网站首页

69

② 往下拖动滚轮，在 Featured Charts 下方单击 VIEW ALL 按钮，如图 6-17 所示。

图 6-17　单击 VIEW ALL 按钮

③ 执行操作后，即可进入 ICharts 的模板选项界面，单击一个模板即可进入查看模板，如图 6-18 所示。

图 6-18　进入查看模板

④ 进入模板页面，查看模板，如图 6-19 所示。

图 6-19　进入模板页面

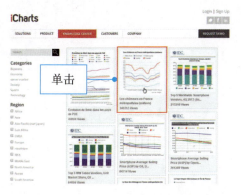

图 6-20　查看模板数据

⑤将鼠标指针放置于模板上，即可进入查看模板详细数据，如图 6-20 所示。

图形可视化：形象表达信息　第 7 章

　　图形是文字的代替，是语言的图形补充。图形可以节省空间及时间，并将信息提炼出来。本章从图形的应用技巧和 Word 实战制作案例两个方面来介绍图形可视化的相关制作。

基础——图形可视化
快速入门知识

图形可视化：形象表达信息

实战——Word 案例
效果制作步骤详解

7.1 基础——图形可视化快速入门知识

图形是文字的代替，是语言的图形补充，图形可以节省空间及时间，并将信息提炼出来，做到最简化。下面介绍一些图形制作的技巧。

7.1.1 基础1：专门网站下载

直接使用专门网站下载图形，不需要自己动手画，相对而言，这样的做法非常省心，但是需要注意网站的版权说明。

下面介绍直接使用专门网站下载图形的具体设置。

① 首先在浏览器的网址栏上输入网址——www.thenounproject.com，如图7-1所示。

图7-1　输入网址

② 按 Enter 键，进入 The Noun Project 网站首页，如图7-2所示。

图7-2　进入 The Noun Project 网站首页

专家提醒

也可以用搜索引擎直接搜索"The Noun Project"。

③假如你需要使用"蛋糕"的图形，那么你可以在搜索栏上输入"cake"，并单击"搜索"进行搜索，如图7-3所示。

图7-3 搜索图形

④执行操作后，转到搜索结果页面，如图7-4所示。

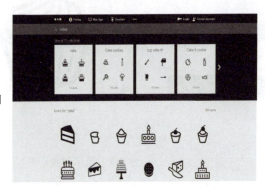

图7-4 设置标记格式

⑤选择合适的蛋糕样式，单击选中的蛋糕样式，弹出下载信息窗格，如图7-5所示。

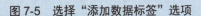

图7-5 选择"添加数据标签"选项

⑥ 单击"下载"按钮，选择 PNG 格式，单击 PNG 按钮，如图 7-6 所示。

图 7-6 设置"标签位置"为"靠上"

⑦ 进入 PNG 下载界面，单击 Free & Give Credit 按钮，弹出下载窗格，点击下载即可，如图 7-7 所示。

图 7-7 选择"实心菱形"选项

⑧ 下载完成后，便可以在 Word 中插入下载的蛋糕图形，效果如图 7-8 所示。

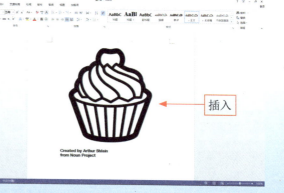

图 7-8 在 Word 中插入图形

7.1.2　基础 2：基本形状组合

常见的事物一般是由三角形、矩形、圆形等基本形状构成，我们可以在 Word 中利用这些基本形状组合我们想要的图形。

下面以太阳蛋 (Sunny Side Up) 为例，介绍利用最基本的形状组合成图形的具体操作。

① 首先，想象一下平常所见的太阳蛋的基本轮廓是什么样的，如果想象力不够，可以找实物图看看，如图 7-9 所示。

图 7-9　观察实物

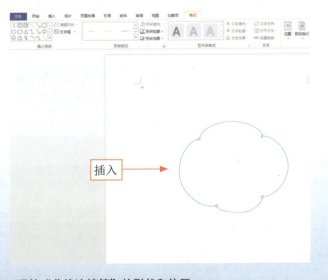

② 在 Word 里面插入"曲线连接符"，调整"曲线连接符"的形状和位置，如图 7-10 所示。

图 7-10　调整"曲线连接符"的形状和位置

③ 设置 "曲线连接符" 的边框颜色及粗细，如图 7-11 所示。

设置 →

图 7-11　设置 "曲线连接符" 样式

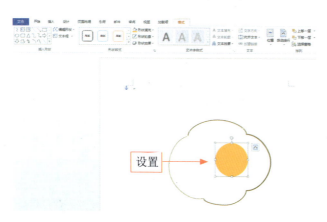

设置 →

④ 插入基本形状 "椭圆"，设置 "椭圆" 的颜色和大小，如图 7-12 所示。

图 7-12　设置 "椭圆" 的样式

⑤ 绘制并设置 "曲线"，为 "蛋黄" 部分加上高光，即可完成设置，如图 7-13 所示。

图 7-13　完成设置

7.1.3   基础 3：实物人物转化

人物图形的绘制可以通过人物的具体形态进行转化，下面以欢呼的人为例，介绍利用最基本的形状组合成人物图形的具体操作。

① 首先，想象一下平常所见的欢呼的人的状态是什么样的，也可以找照片看看，如图7-14所示。

图 7-14　观察状态

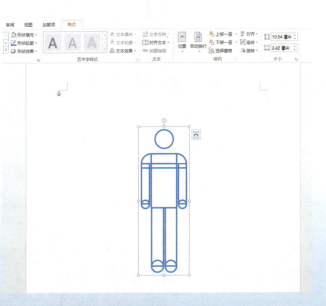

② 人物图形的组合，大致会利用到圆形、矩形、扇形，不同的动作形状会有所增减，如图7-15 所示。

图 7-15　人物图形会用到的基本形状

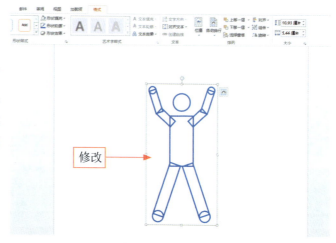

③ 可以在这个常见的人物图形的基础上简单修改，得到欢呼状态人物的组合框架，如图 7-16 所示。

修改

图 7-16　欢呼状态人物的组合框架

④ 把框架用颜色填充起来，即可完成设置，如图 7-17 所示。

图 7-17　完成设置

80

7.1.4　基础4：文字信息转化

　　在信息图的制作里面，常常会出现将文字内容转化成图形信息传达给读者的情况，这是信息图设计师必不可少的一项技能。

　　将文字信息转化成图形信息的关键就是，将文字信息与生活中常见的某事物联系到一起，能够让读者一看到图形就能了解其中传达的信息。

文字信息到图形信息的转化可以分为两种，如图 7-18 所示。

1. 直接联想

文字信息转化为图形信息

直接联想

间接联想

图 7-18　三角形布局的分类

假如要将"小女孩"这个信息转化成图形信息

直接联想的转化来自对现实事物的直接感受

初级信息图设计师比较适合用直接联想

81

2. 间接联想

假如要将"小女孩"这个信息转化成图形信息

间接联想的转化会以"小女孩"为基点，发散思维

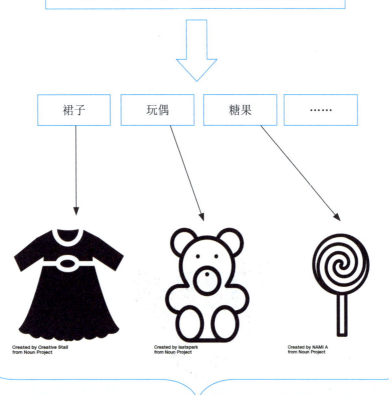

| 裙子 | 玩偶 | 糖果 | ...... |

高级信息图设计师比较适合用间接联想

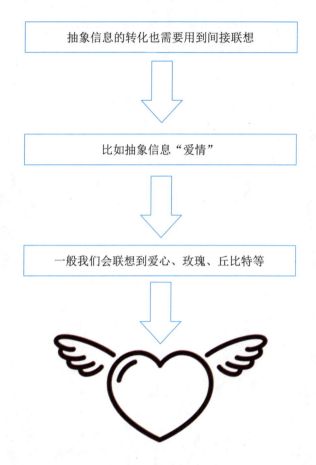

7.1.5 基础5：同构创意图形

同构图形就是在主题表现的基础上，将两个或两个以上存在某种潜在关联的图形元素，按照某种编排手法，同构于一体，得到一个有寓意的新图形。

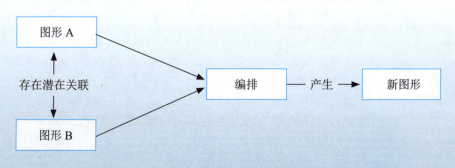

比如，用基本的人物图形来表示不同的职业。

家政人员

蛋糕师

7.1.6 基础6：聚集多元图形

聚集型图形是一种多元素构成的创意图形。在信息图的设计中，这种图形可以用来强调某种事物的特质或组成情况。

下面以圣诞树为例，介绍用图形聚集表达多元化视觉的具体操作。

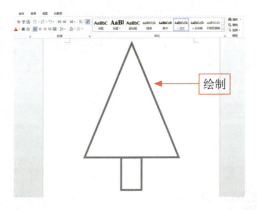

① 首先在 Word 里面绘制圣诞树的形状，如图 7-19 所示。

图 7-19　绘制圣诞树轮廓

② 插入和圣诞相关的素材，如图 7-20 所示。

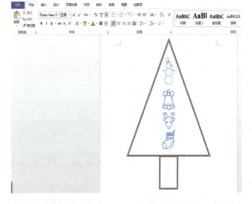

图 7-20　插入相关素材

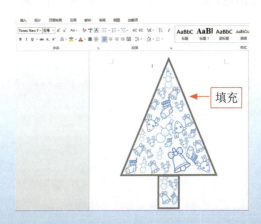

③ 复制多个素材，用素材把圣诞树的框架填满，如图 7-21 所示。

图 7-21　填满框架

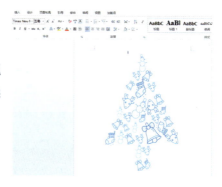

④执行操作后，把框架删掉，即可完成操作，如图7-22所示。

图7-22　完成操作

7.2　实战——Word案例效果制作步骤详解

下面具体介绍如何用Word制作案例效果。

7.2.1　实例1：绘制抢购时间图形

移动互联网时代，网购成为时尚，商家的抢购等促销活动变得越来越多，形式也越来越丰富。

下面介绍用Word绘制信息图抢购时间图形。

步骤01：打开Microsoft Word 2013，单击"空白文档"，新建一个Word文档，如图7-23所示。

图7-23　新建一个Word文档

步骤 02：进入新建的 Word 文档，切换至"插入"面板，单击"形状"选项下方的下拉按钮，如图 7-24 所示。

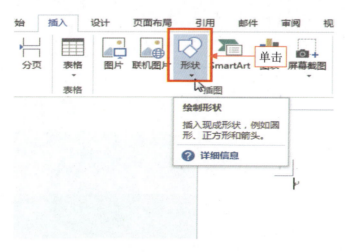

图 7-24　单击"形状"选项下方的下拉按钮

步骤 03：执行操作后，弹出下拉菜单，在"基本形状"栏中选择"椭圆"选项，如图 7-25 所示。

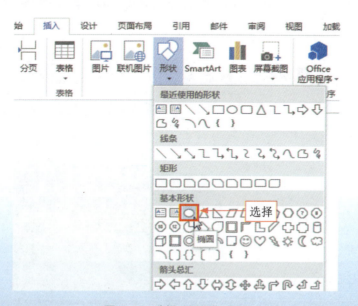

图 7-25　选择"椭圆"选项

步骤 04：执行操作后，按住 Shift 键的同时，在文档的空白处拖曳鼠标，绘制出圆形，如图 7-26 所示。

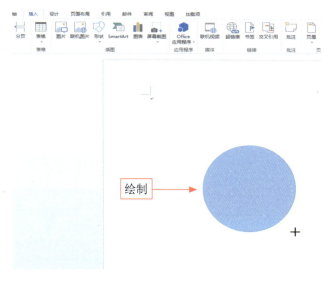

图 7-26　绘制圆形

步骤 05：在形状上单击鼠标右键，弹出快捷菜单，选择"设置形状格式"命令，如图 7-27 所示。

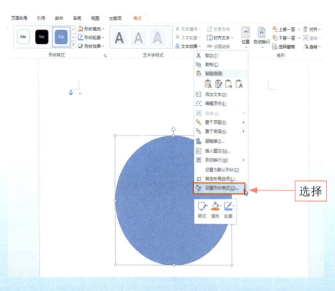

图 7-27　选择"设置形状格式"命令

步骤 06：执行操作后，弹出"设置形状格式"窗格，在"填充"选项下方设置"颜色"为"白色"，在"线条"选项下方设置"颜色"为"橙色"(R:255，G:175，B:58)，"宽度"为"12 磅"，如图 7-28 所示。

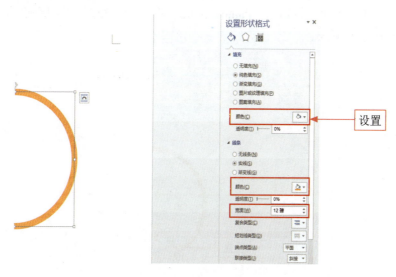

图 7-28　设置形状格式

步骤 07：关闭"设置形状格式"窗格，切换至"插入"选项卡，单击"文本框"下方的下拉按钮，选择"简单文本框"选项，如图 7-29 所示。

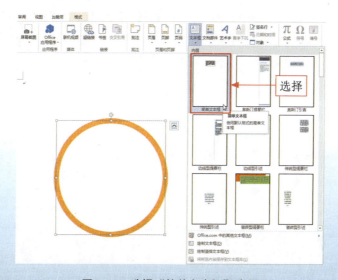

图 7-29　选择"简单文本框"选项

步骤 08：执行操作后，系统会直接插入一个文本框，将文本框移至圆形的右下角，设置文本框的"形状填充"为白色，"形状轮廓"为无填充颜色，并输入文字"Time Panic buying"，设置"字体"为"Khmer UI"，"Time"的"字号"为 60，并单击"加粗"按钮，"Panic buying"的字号为 22，"字体颜色"为"橙色"，如图 7-30 所示。

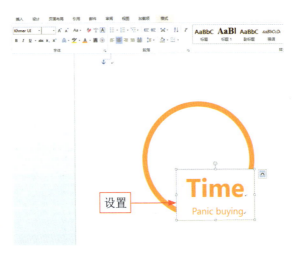

图 7-30　设置文本框及字体样式

步骤 09：切换全"插入"选项卡，在相应位置插入直线，并设置直线的"形状轮廓"为"橙色"，"粗细"为 12 磅，调整直线位置，如图 7-31 所示。

图 7-31　插入并设置直线

步骤 10：用与上相同的方法，在相应位置插入两条呈垂直关系的直线，并设置直线的"粗细"为 9 磅，适当调整直线位置，如图 7-32 所示。

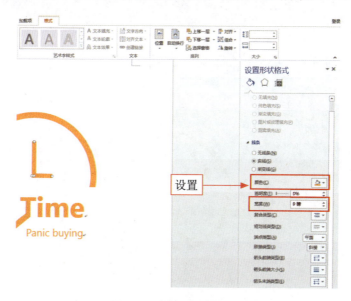

图 7-32　插入并设置直线

步骤 11：用与上相同的方法，在相应位置插入 6 条直线，设置直线的"粗细"为 12 磅，调整直线的长短和位置，如图 7-33 所示。

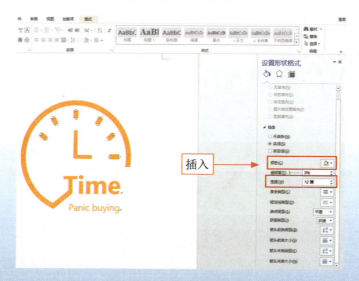

图 7-33　插入并设置直线

步骤 12：用与上相同的方法，在相应位置插入一个圆形，并设置"形状填充"为白色，"形状轮廓"为"橙色"，"粗细"为 3 磅，并调整形状大小和位置，如图 7-34 所示。

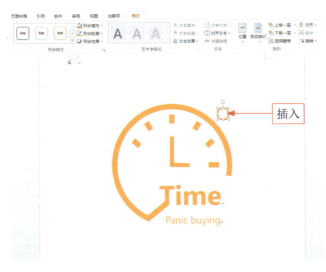

图 7-34　插入并设置圆形

步骤 13：在图形下方添加文本框，输入文字"抢购倒计时"，设置"字体"为"锐字锐线梦想黑简 1.0"，"字号"为 55，"字体颜色"为"橙色"，调整至合适位置后，即可完成抢购时间图形的绘制，如图 7-35 所示。

图 7-35　完成绘制

7.2.2　实例 2：绘制男女人物图形

在信息图中，人物图形的使用是非常常见的，下面介绍用 Word 绘制人物图形。

步骤 01： 打开 Microsoft Word 2013，单击"空白文档"，新建一个 Word 文档，如图 7-36 所示。

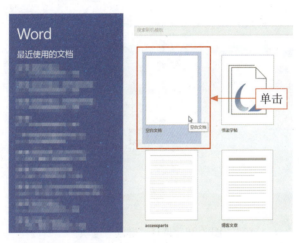

图 7-36　新建一个 Word 文档

步骤 02： 进入新建的 Word 文档，首先绘制男性人物图形，切换至"插入"面板，单击"形状"选项下方的下拉按钮，如图 7-37 所示。

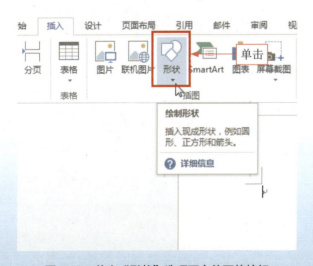

93

图 7-37　单击"形状"选项下方的下拉按钮

步骤 03：执行操作后，弹出下拉菜单，在"基本形状"栏中选择"椭圆"选项，如图 7-38 所示。

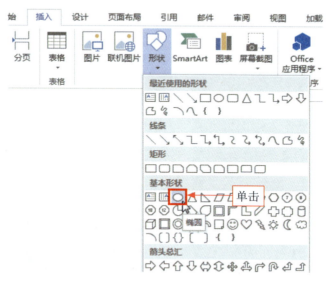

图 7-38　选择"椭圆"选项

步骤 04：执行操作后，按住 Shift 键的同时，在文档的空白处拖曳鼠标，绘制出圆形，并设置"形状轮廓"为蓝色，"粗细"为 3 磅，如图 7-39 所示。

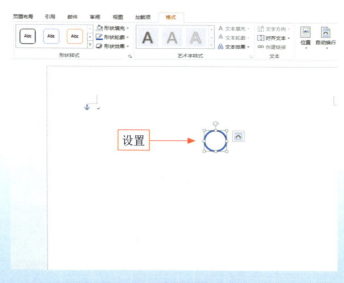

图 7-39　绘制并设置圆形

步骤 05：用与上相同的方法，插入 6 个矩形、2 个扇形、4 个圆形，并设置形状样式，调整形状大小，如图 7-40 所示。

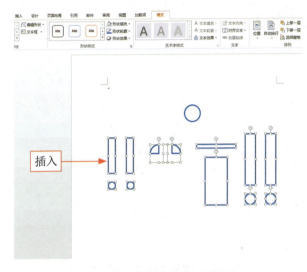

图 7-40　绘制并设置其他形状

步骤 06：将身体各部分的形状拼凑起来，形成完整的图形，选中所有形状，在形状上单击鼠标右键，弹出快捷菜单，在快捷菜单中选择"组合"|"组合"命令，如图 7-41 所示。

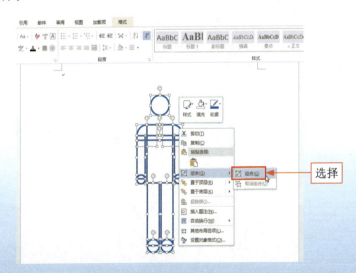

图 7-41　选择"组合"|"组合"命令

步骤 07：选择图形，按 Ctrl+D 组合键，复制 1 个人物图形，并排排列，在图形上单击鼠标右键，取消组合，准备绘制女性人物图形，如图 7-42 所示。

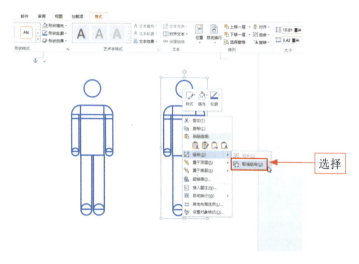

图 7-42　选择"取消组合"命令

步骤 08：执行操作后，将身体的矩形用梯形替换，调整梯形的长度和宽度，再将扇形进行相应的旋转，使之与梯形相契合，最后将左右手臂分别旋转相应度数，并调整位置，如图 7-43 所示。

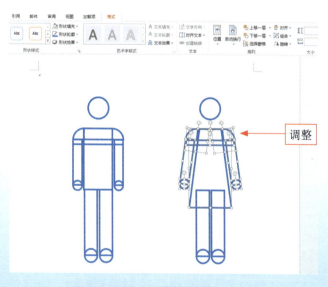

图 7-43　调整图形

步骤 09：选中女性人物图形的所有形状，在形状上单击鼠标右键，弹出快捷菜单，在快捷菜单中选择"组合"|"组合"命令，如图 7-44 所示。

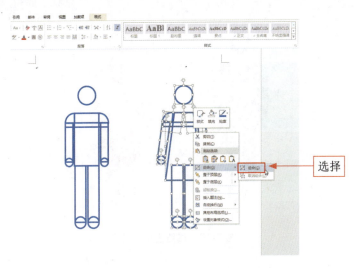

选择

图 7-44 选择"组合"|"组合"命令

步骤 10：选中男性人物图形，切换至"绘图工具"栏下的"格式"面板，单击"形状填充"右侧的下拉按钮，在弹出的下拉菜单中选择"标准色"的"蓝色"，如图 7-45 所示。

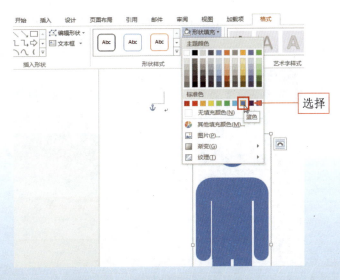

选择

图 7-45 选择"标准色"的"蓝色"

步骤 11：选中女性人物图形，切换至"绘图工具"栏下的"格式"面板，设置"形状填充"和"形状边框"都为"粉红"，整体效果如图 7-46 所示。

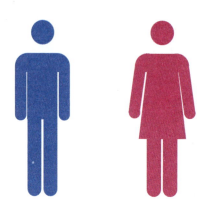

图 7-46　最终图形效果

7.2.3　实例 3：绘制定位标签图形

手机地图的普及，使定位标签变得随处可见，下面介绍用 Word 绘制定位标签图形。

步骤 01：打开 Microsoft Word 2013，单击"空白文档"，新建一个 Word 文档，如图 7-47 所示。

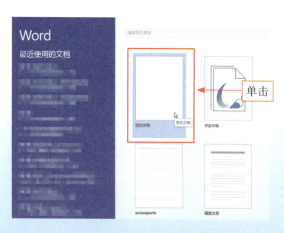

图 7-47　新建一个 Word 文档

步骤 02：进入新建的 Word 文档，切换至"插入"面板，单击"图片"按钮，如图 7-48 所示。

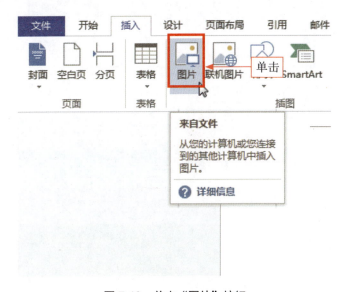

图 7-48 单击"图片"按钮

步骤 03：执行操作后，在计算机的相应位置，找到需要的素材，选择素材插入文档，如图 7-49 所示。

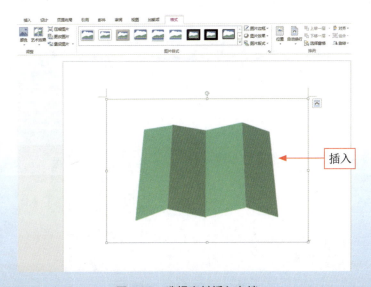

图 7-49 选择素材插入文档

步骤 04：执行操作后，调整素材的大小，切换至"插入"面板，单击"形状"选项下方的下拉按钮，弹出下拉菜单，在"基本形状"栏中选择"椭圆"选项，如图 7-50 所示。

图 7-50　选择"椭圆"选项

步骤 05：执行操作后，按住 Shift 键的同时，在文档的合适位置拖曳鼠标，绘制出圆形，如图 7-51 所示。

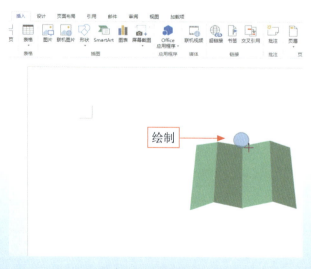

图 7-51　绘制出圆形

步骤 06：执行操作后，设置圆形的"形状填充"为白色，"形状轮廓"为橙色，"粗细"为 7 磅，如图 7-52 所示。

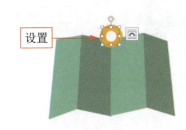

图 7-52　设置圆形格式

步骤 07：用与上同样的方法，绘制等腰三角形，设置等腰三角形的"形状填充"为橙色，"形状轮廓"为无轮廓，再将等腰三角形垂直旋转，与圆形拼合，如图 7-53 所示。

图 7-53　绘制并设置等腰三角形

步骤 08：选中圆形和等腰三角形，单击鼠标右键，弹出快捷菜单，在快捷菜单中选择"组合 | 组合"命令，将两个形状组合起来，如图 7-54 所示。

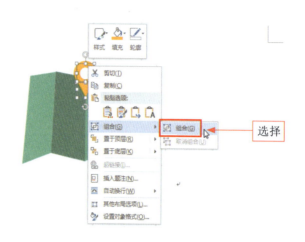

图 7-54　选择"组合 | 组合"命令

步骤 09：用与上同样的方法，绘制一个椭圆形，设置椭圆形的"形状填充"为"绿色，着色 6，深色 50%"，"形状轮廓"为无轮廓，如图 7-55 所示。

图 7-55　绘制并设置椭圆形

步骤 10：同时选中椭圆形和定位标签图形，在"绘图工具"栏下的"格式"面板，单击"对齐"右侧的下拉按钮，弹出下拉菜单，选择"左右居中"命令，如图 7-56 所示。

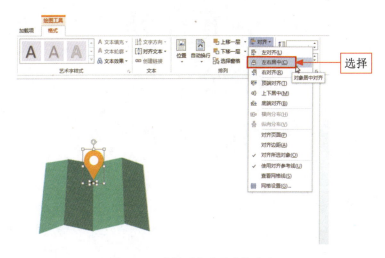

图 7-56　选择"左右居中"命令

步骤 11：选中定位和定位阴影部分图形，在图形上单击鼠标右键，弹出快捷菜单，选择"组合"|"组合"命令，如图 7-57 所示。

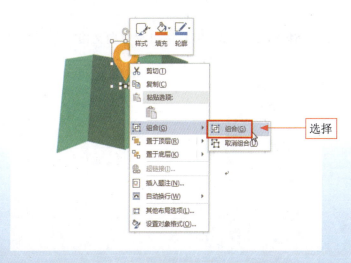

图 7-57　选择"组合"|"组合"命令

步骤12：执行操作后，调整定位标签的位置，即可完成定位标签的绘制，如图 7-58 所示。

图 7-58　完成绘制

专家提醒

如果希望制作出来的定位标签更具立体感，可以对图形进行形状效果设置。

7.2.4　实例4：绘制旅行天气图形

外出旅行时，天气是一个需要重点关注的方面，下面介绍用 Word 制作旅行天气图形。

步骤01：打开 Microsoft Word 2013，单击"空白文档"，新建一个 Word 文档，如图 7-59 所示。

图 7-59　新建一个 Word 文档

步骤 02： 进入新建的 Word 文档，切换至"设计"面板，单击"页面颜色"下方的下拉按钮，如图 7-60 所示。

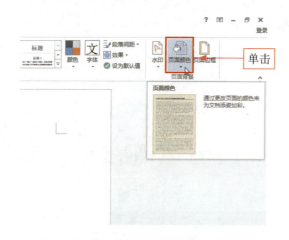

图 7-60　单击"页面颜色"按钮

步骤 03： 执行操作后，弹出下拉菜单，选择"其他颜色"选项，弹出"颜色"选项框，切换至"自定义"选项卡，设置颜色的 RGB 值分别为"R:22，G:91，B:146"，单击"确定"按钮，如图 7-61 所示。

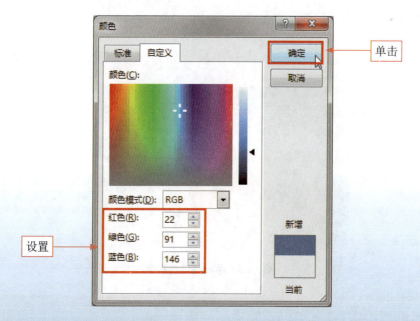

图 7-61　单击"确定"按钮

步骤04：切换至"插入"面板，单击"形状"选项下方的下拉按钮，弹出下拉菜单，在"矩形"栏中选择"矩形"选项，如图7-62所示。

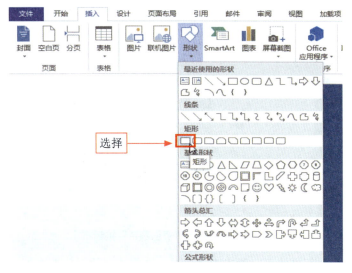

图7-62　选择"矩形"选项

步骤05：按住Shift键，绘制矩形，并设置矩形的"形状填充"为"金色"(R:254，G:190，B:0)，"形状轮廓"为无轮廓，如图7-63所示。

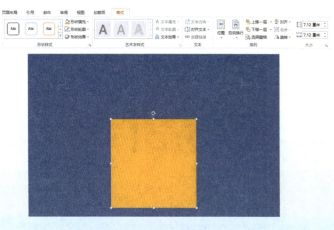

图7-63　绘制并设置矩形

步骤 06：按 Ctrl+D 组合键，复制一个矩形，旋转 45°，与上一个矩形叠加，如图 7-64 所示。

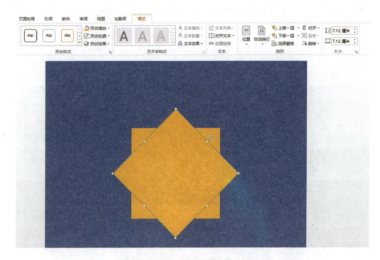

图 7-64 复制并旋转矩形

步骤 07：用与上同样的方法，绘制一个圆形，并设置圆形的"形状填充"为"金色"(R:218，G:166，B:0)，"形状轮廓"为无轮廓，并调整大小和位置，如图 7-65 所示。

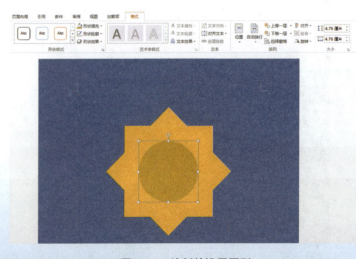

图 7-65 绘制并设置圆形

步骤08：切换至"插入"面板，单击"形状"选项下方的下拉按钮，弹出下拉菜单，在"矩形"栏中选择"矩形"选项，绘制一个矩形，并设置矩形的"形状填充"为"白色"，"形状轮廓"为无轮廓，如图 7-66 所示。

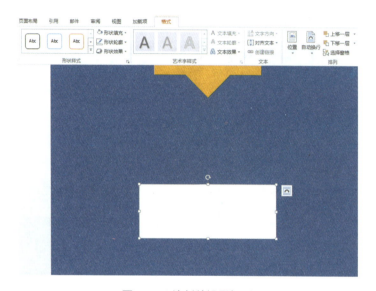

图 7-66　绘制并设置矩形

步骤09：用与上同样的方法，绘制一个椭圆，并设置椭圆的"形状填充"为"白色"，"形状轮廓"为无轮廓，并调整大小和位置，如图 7-67 所示。

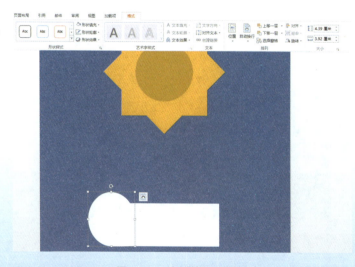

图 7-67　绘制并设置椭圆

步骤 10： 按 Ctrl+D 组合键，复制 3 个椭圆，并调整各个椭圆的大小和位置，如图 7-68 所示。

图 7-68　复制并设置椭圆

步骤 11： 用与上同样的方法，绘制一个泪滴形，并设置泪滴形的"形状填充"为"蓝色，着色 1，淡色 60%"，"形状轮廓"为无轮廓，并调整大小和位置，如图 7-69 所示。

图 7-69　绘制并设置泪滴形

步骤 12：按 Ctrl+D 组合键，复制 2 个泪滴形，并调整各个泪滴形的大小和位置，如图 7-70 所示。

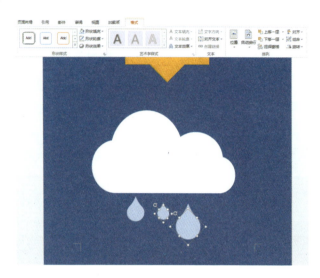

图 7-70　复制并设置椭圆

步骤 13：在图形旁边插入文本框，输入图形的说明文字，即可完成旅行天气图形绘制，如图 7-71 所示。

图 7-71　完成设置

7.2.5 实例 5：绘制写字板图形

写字板是办公室常见的办公用品，下面介绍写字板的绘制。

步骤 01：打开 Microsoft Word 2013，单击"空白文档"，新建一个 Word 文档，如图 7-72 所示。

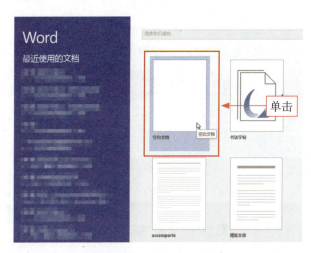

图 7-72 新建一个 Word 文档

步骤 02：进入新建的 Word 文档，切换至"插入"面板，单击"形状"选项下方的下拉按钮，如图 7-73 所示。

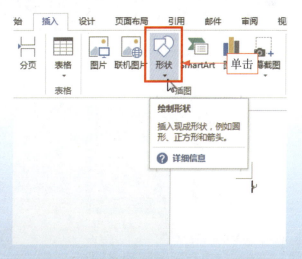

图 7-73 单击"形状"选项下方的下拉按钮

步骤 03：执行操作后，弹出下拉菜单，在"矩形"栏中选择"矩形"选项，如图 7-74 所示。

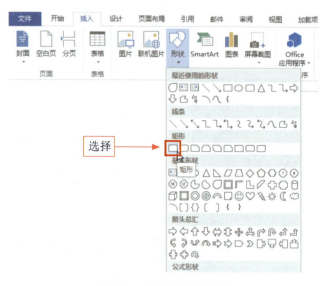

图 7-74　选择"矩形"选项

步骤 04：绘制一个矩形，调整大小和位置，设置"形状填充"为"白色"，"形状轮廓"为"水绿色"(R:111，G:174，B:211)，"粗细"为 15，如图 7-75 所示。

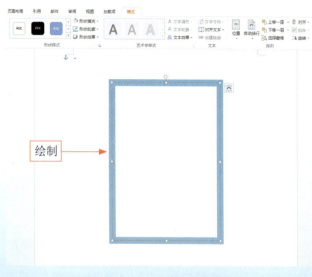

图 7-75　绘制并设置矩形

步骤 05：按 Ctrl+D 组合键，复制 1 个矩形，设置"形状轮廓"为茶色 (R:215，G:218，B:171)，将复制的矩形置于底层，并调整其位置，如图 7-76 所示。

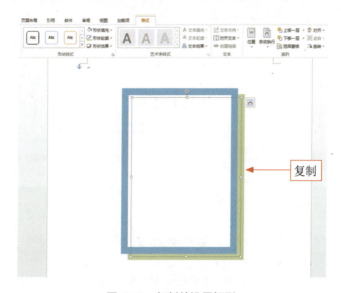

图 7-76　复制并设置矩形

步骤 06：切换至"插入"面板，单击"形状"选项下方的下拉按钮，弹出下拉菜单，在"矩形"栏中选择"同侧圆角矩形"选项，如图 7-77 所示。

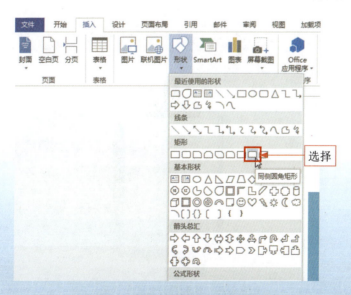

图 7-77　选择"同侧圆角矩形"选项

步骤07：绘制一个同侧圆角矩形，调整圆角大小和位置，设置"形状填充"为"褐色"(R:160，G:110，B:85)，"形状轮廓"为无轮廓，如图7-78所示。

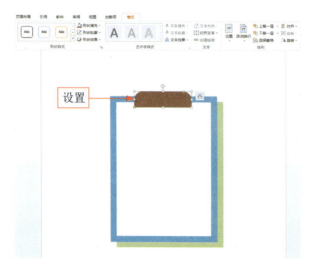

图7-78　绘制并设置同侧圆角矩形

步骤08：用与上同样的方法，绘制一个圆角矩形，调整圆角大小和位置，设置"形状填充"为"褐色"(R:160，G:110，B:85)，"形状轮廓"为无轮廓，如图7-79所示。

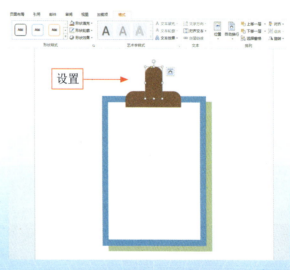

图7-79　绘制并设置圆角矩形

步骤 09：用与上同样的方法，绘制一个圆形，设置"形状填充"为"白色"，"形状轮廓"为无轮廓，调整圆形的位置，如图 7-80 所示。

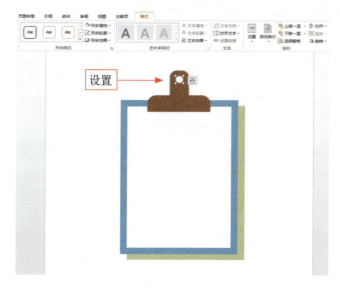

图 7-80　绘制并设置圆形

步骤 10：选中夹子图形部分的形状，在形状上单击鼠标右键，弹出快捷菜单，在快捷菜单中选择"组合"|"组合"命令，如图 7-81 所示。

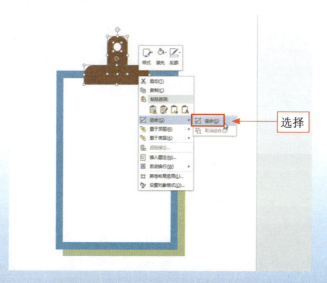

图 7-81　选择"组合"|"组合"命令

步骤 11：选中夹子图形，按 Ctrl+D 组合键，复制 1 个夹子图形，设置除圆形外的形状的"形状填充"为"茶色"(R:215，G:218，B:171)，将复制的夹子图形置于底层，并调整其位置，如图 7-82 所示。

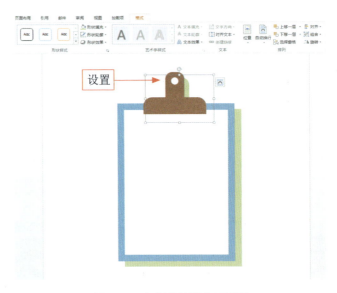

图 7-82　复制并设置夹子图形

步骤 12：在写字板的白板部分添加一些展示内容，即可完成写字板图形的设置，如图 7-83 所示。

图 7-83　完成设置

图表可视化：高效整合数据　第 8 章

图表是表现数据的基本形式，在信息图中有着多样的应用。本章从图表的应用技巧和 Excel 实战制作案例两个方面，来介绍图表可视化的相关制作。

基础——图表可视化
快速入门知识

图表可视化：高效整合数据

实战——Excel 案例
效果制作步骤详解

8.1 基础——图表可视化快速入门知识

图表是表现数据的基本形式，在信息图中有着多样的应用，下面介绍各类常见图表的应用技巧。

8.1.1 基础1：柱形(条形)图——填充图案

先用 Excel 制作好基本的柱形(条形)图表，再经过简单的操作，就可以为柱形(条形)图表填充图案。

下面介绍柱形(条形)图表填充图案的具体设置。

① 首先在 Excel 的单元格里输入数据，然后插入基本的柱形图或条形图，笔者在这里用条形图做示例，如图 8-1 所示。

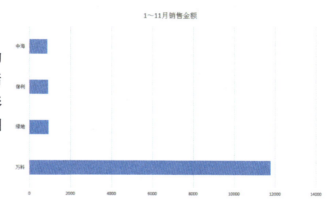

图 8-1 插入条形图

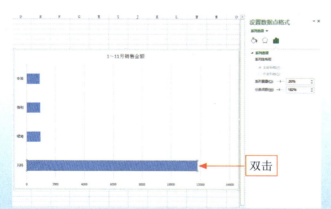

② 在条形数据点上双击，调出"设置数据点格式"窗格，如图 8-2 所示。

图 8-2 调出"设置数据点格式"窗格

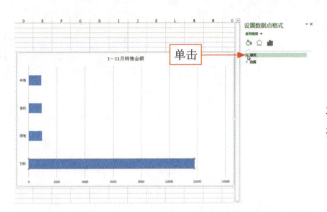

③ 切换至"填充线条"选项卡，单击"填充"下拉按钮，如图 8-3 所示。

图 8-3 单击"填充"下拉按钮

④ 在下拉列表中选中"图案填充"单选按钮，如图 8-4 所示。

图 8-4 选中"图案填充"单选按钮

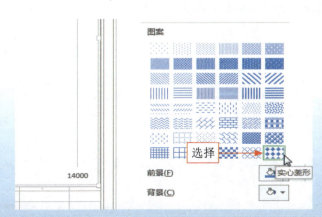

⑤ 在"图案"列表中选择"实心菱形"选项，如图 8-5 所示。

图 8-5 选择"实心菱形"选项

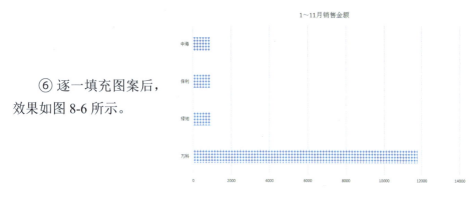

⑥ 逐一填充图案后，效果如图 8-6 所示。

图 8-6　填充图案效果

8.1.2　基础 2：柱形（条形）图——立体设置

下面继续用上面例子的数据介绍柱形（条形）立体设置的具体设置。

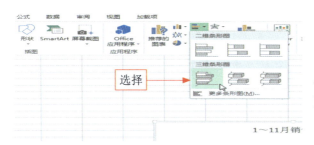

① 选中数据，然后插入"三维簇状条形图"，如图 8-7 所示。

图 8-7　插入"三维簇状条形图"

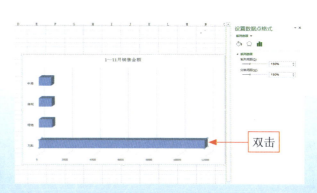

② 双击三维条形数据点，调出"设置数据点格式"窗格，如图 8-8 所示。

图 8-8　调出"设置数据点格式"窗格

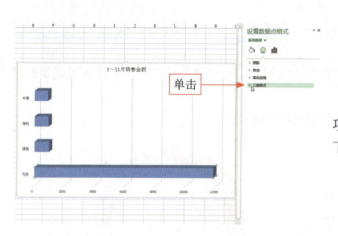

③ 切换至"效果"选
项卡，单击"三维格式"
下拉按钮，如图 8-9 所示。

图 8-9　单击"三维格式"下拉按钮

④ 设置"顶部棱台"
为"艺术装饰"，设置"底
部棱台"为"艺术装饰"，
设置"材料"为"亚光效
果"，如图 8-10 所示。

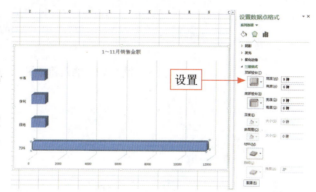

图 8-10　设置"三维格式"

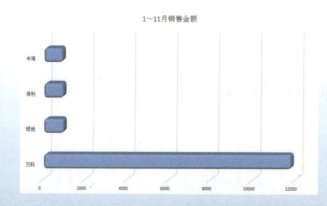

⑤ 逐一设置条形图的
"三维格式"，效果如图 8-11
所示。

图 8-11　立体设置效果

8.1.3 基础3：圆环图——调整线条粗细更美观

先用 Excel 制作好基本的圆环图图表，再经过简单的操作，就可以调整圆环图的线条粗细。

下面介绍调整圆环图线条粗细的具体设置。

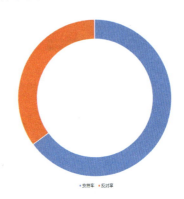

① 首先在 Excel 的单元格里输入数据，然后插入基本的圆环图，如图8-12所示。

图 8-12　插入圆环图

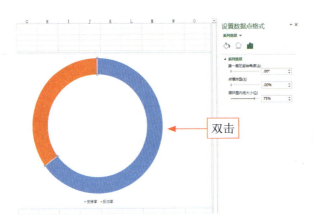

双击

② 双击圆环图的数据点，调出"设置数据点格式"窗格，如图8-13所示。

图 8-13　调出"设置数据点格式"窗格

专家提醒

除了运用以上操作方法能够调出"设置数据点格式"窗格外，还能在数据点上单击鼠标右键，在弹出的快捷菜单中选择"设置数据点格式"命令，也可以调出"设置数据点格式"窗格。

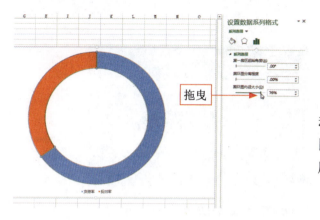

③ 将鼠标指针放置于"圆环图内径大小"的拖动条上，单击鼠标左键的同时向右拖曳，如图 8-14 所示。

图 8-14　向右拖曳

④ 将拖动条拖到最右端，关闭"设置数据点格式"窗格，如图 8-15 所示。

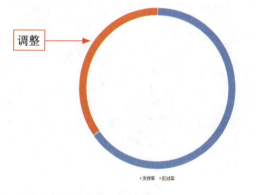

图 8-15　关闭"设置数据点格式"窗格

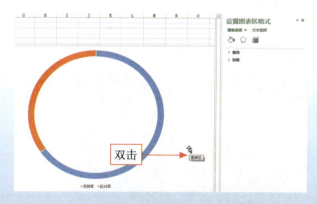

⑤ 在图表的空白区双击鼠标左键，调出"设置图表区格式"窗格，如图 8-16 所示。

图 8-16　调出"设置图表区格式"窗格

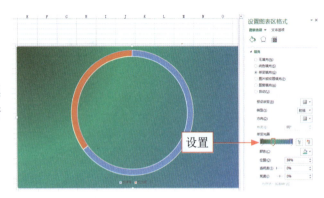

⑥ 单击展开"填充"下拉菜单，选中"渐变填充"单选按钮，并设置渐变颜色，如图 8-17 所示。

图 8-17　设置渐变颜色

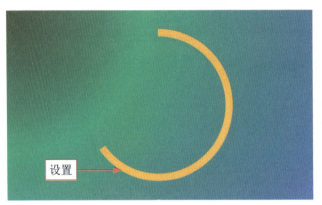

⑦ 删除图例，切换至"图表工具"栏下的"格式"面板，设置圆环图的填充颜色，并调整圆环图的大小，如图 8-18 所示。

图 8-18　设置圆环图的填充颜色

⑧ 绘制一个弧形，设置弧形的边框颜色为白色，粗细为 2.25 磅，与图表组成一体，如图 8-19 所示。

图 8-19　设置弧形的形状样式

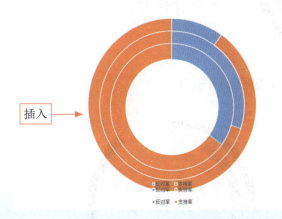

⑨ 为圆环图添加文字说明即可，效果如图 8-20 所示。

图 8-20　完成设置

8.1.4　基础 4：圆环图——重复使用强调对比

圆环图的重复使用，和 8.1.3 的基本操作差不多，但区别在于，重复使用圆环图进行叠加，可以体现一段时间数据的变化。

下面介绍圆环图重复使用的具体设置。

① 首 先 在 Excel 的单元格里输入数据，然后插入多个圆环图，图表区除了一个保留原填充色，其他都设为无填充色，如图 8-21 所示。

图 8-21　插入多个圆环图

专家提醒

　　在插入圆环图的时候，要注意，数据大的部分最好位于左边，这样比较符合人们的阅读习惯，视觉感受会更好一些。

② 删除图例，用与 8.1.3 相同的方式调整圆环图的粗细，并调整圆环图之间的位置，如图 8-22 所示。

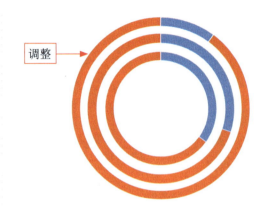

图 8-22　调整圆环图的粗细及位置

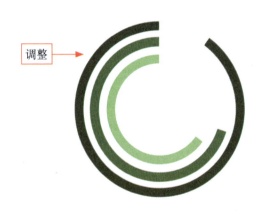

③ 切换至"图表工具"栏下的"格式"面板，设置圆环图的填充颜色，如图 8-23 所示。

图 8-23　设置圆环图的填充颜色

④ 绘制一个圆形，设置圆形的形状样式，并绘制文本框，输入文字，设置文字格式，如图 8-24 所示。

图 8-24　绘制一个圆形及文本框

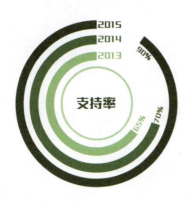

⑤ 在对应的位置绘制文本框，输入数字说明即可完成设置，效果如图 8-25 所示。

图 8-25　完成设置

8.1.5　基础 5：饼图——突出重点的立体设置

下面介绍饼图立体设置的具体设置步骤。

① 首先在 Excel 的单元格里输入数据，然后插入三维饼图，如图 8-26 所示。

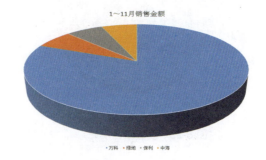

图 8-26　插入三维饼图

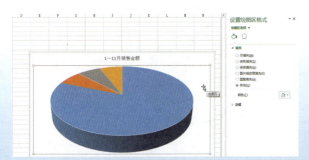

② 在三维饼图绘图区的空白区双击鼠标，调出"设置绘图区格式"窗格，如图 8-27 所示。

图 8-27　调整圆环图的粗细及位置

③ 切换至"效果"选项卡，单击"三维旋转"展开下拉列表，设置"Y旋转"为60°，如图8-28所示。

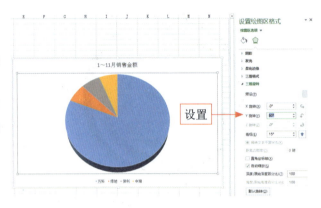

图 8-28　设置"Y 旋转"为 60°

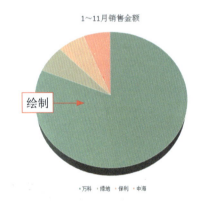

④ 切换至"插入"面板，设置三维饼图各部分的颜色填充，如图8-29所示。

图 8-29　设置颜色填充

⑤ 调出"设置数据系列格式"窗格，单击"三维格式"，展开下拉列表，如图8-30所示。

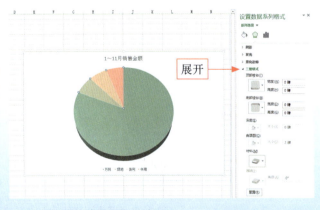

图 8-30　展开"三维格式"下拉列表

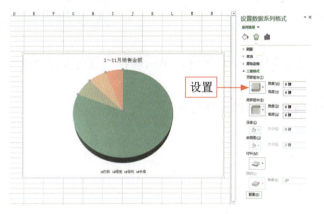

图 8-31　设置三维饼图的三维格式

⑥ 设置三维饼图的"顶部棱台""底部棱台"及"材料"，如图 8-31 所示。

⑦ 删除图例，添加数据标签，并调整三维饼图的扇形区位置，如图 8-32 所示。

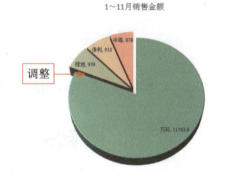

图 8-32　调整三维饼图的扇形区位置

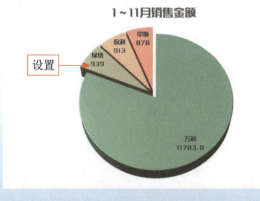

⑧ 设置字体的格式，即可完成设置，效果如图 8-33 所示。

图 8-33　设置三维饼图的字体的格式

8.1.6　基础6：折线图——改变颜色突出重点

先用 Excel 制作好基本的折线图表，再经过简单的操作，就可以通过改变颜色突出折线图的重点。

下面介绍改变颜色突出折线图重点的具体设置。

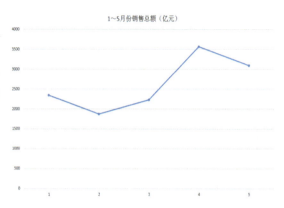

① 首先在 Excel 的单元格里输入数据，然后插入带数据标记的折线图，如图 8-34 所示。

图 8-34　插入带数据标记的折线图

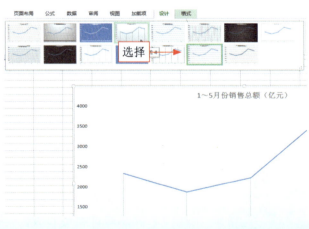

② 切换至"图表工具"栏下的"设计"面板，单击"图表样式"右侧的下拉按钮，选择"样式 4"选项，如图 8-35 所示。

图 8-35　选择"样式 4"选项

专家提醒

图表样式的选择可以根据自己做图的需求进行变换。

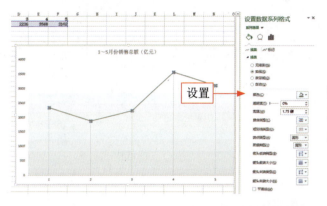

图 8-36　设置线条颜色

③ 双击调出"设置数据系列格式"窗格，设置线条的颜色，如图 8-36 所示。

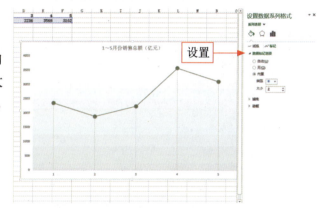

图 8-37　设置标记格式

④ 设置"标记"为"内置"，"类型"为圆形，"大小"为2，并设置填充颜色，如图 8-37 所示。

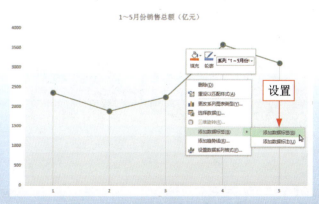

图 8-38　选择"添加数据标签"命令

⑤ 在折线图的数据点上单击鼠标右键，弹出快捷菜单，选择"添加数据标签"命令，如图 8-38 所示。

⑥ 调出"设置数据标签格式"窗格，将"标签位置"设置为"靠上"，如图 8-39 所示。

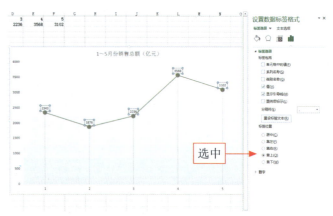

图 8-39　设置"标签位置"为"靠上"

⑦ 统一设置数据标签的字体格式，如图 8-40所示。

图 8-40　设置数据标签的字体格式

⑧ 更改需要突出部分的标记及数据标签格式，并用绘制圆形重合表示强调即可，效果如图 8-41所示。

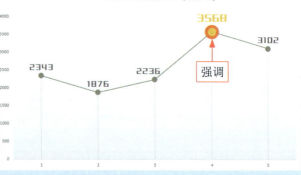

图 8-41　设置突出部分格式

8.2　实战——Excel 案例效果制作步骤详解

下面具体介绍如何用 Excel 制作案例效果。

8.2.1　实例 1：使用近似色填充多直条柱形图

下面介绍使用近似色填充多直条柱形图的具体操作。

步骤 01：打开 Excel 2013，单击"空白工作簿"，新建一个 Excel 工作簿，如图 8-42 所示。

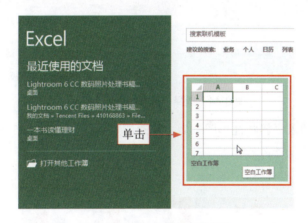

图 8-42　单击"空白工作簿"

步骤 02：进入工作簿界面，在工作簿的单元格内输入数据，如图 8-43 所示。

小组	11月	12月	1月
第一小组	7230	7950	7860
第二小组	9000	8500	8600
第三小组	7200	7600	7800
第四小组	6950	7430	7550

图 8-43　输入数据

步骤 03：选中所有数据，切换至"插入"面板，选择"簇状柱形图"选项，如图 8-44 所示。

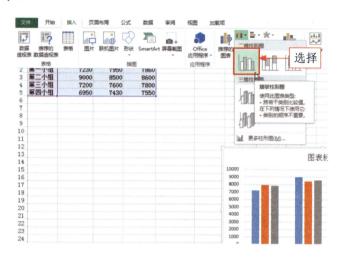

图 8-44　选择"簇状柱形图"选项

步骤 04：插入"簇状柱形图"后，修改图表标题，如图 8-45 所示。

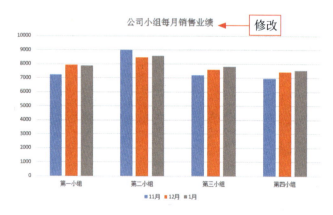

图 8-45　修改图表标题

专家提醒

　　图表的基本操作完成后，还需要对柱状图的颜色进行修改。在以上这种多直条的柱形图中，颜色过多或过于花哨都不太利于数据的对比和整理，也不能给读者一种一目了然的感觉，而如果将柱形图的颜色换成近似色，可以使阅读变得轻松。

步骤 05：切换至"图表工具"栏下的"设计"面板，单击"更改颜色"右侧的下拉按钮，如图 8-46 所示。

图 8-46　单击"更改颜色"右侧的下拉按钮

步骤 06：弹出"更改颜色"下拉菜单，在下拉菜单中选择"颜色 12"选项，如图 8-47 所示。

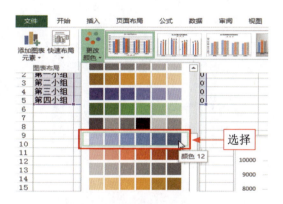

图 8-47　选择"颜色 12"选项

步骤 07：执行操作后，即可完成设置，如图 8-48 所示。

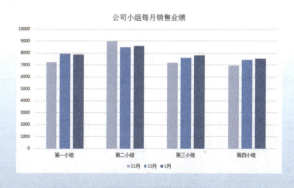

图 8-48　完成设置

设置前后对比图如图 8-49 所示。

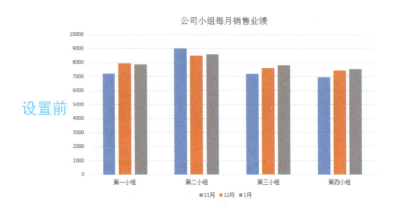

设置前

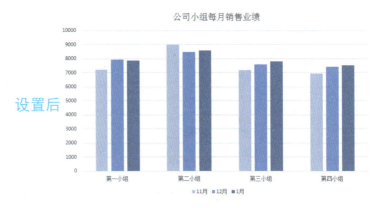

设置后

图 8-49　对比图

8.2.2　实例 2：使用并列对比条形图体现对比

条形图常用于表示多项对比关系，但是当对比的数目大于 2 时，密密麻麻的条形会使人眼花缭乱，也不利于对比项的对比。并列对比条形图可以很好地解决这个问题。

下面介绍使用并列对比条形图体现对比的具体操作。

步骤 01：打开 Excel 2013，单击"空白工作簿"，新建一个 Excel 工作簿，如图 8-50 所示。

步骤 02：进入工作簿界面，在工作簿的单元格内输入数据，如图 8-51 所示。

步骤 03： 选中所有数据，切换至"插入"面板，选择"簇状条形图"选项，如图 8-52 所示。

图 8-50　单击"空白工作簿"

图 8-51　输入数据

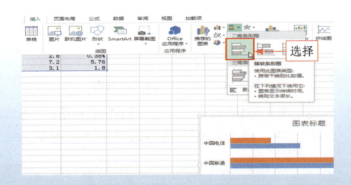

图 8-52　选择"簇状条形图"选项

步骤 04：插入"簇状条形图"后，修改图表标题，如图 8-53 所示。

步骤 05：切换至"图表工具"栏下的"格式"面板，设置条形图的填充颜色，如图 8-54 所示。

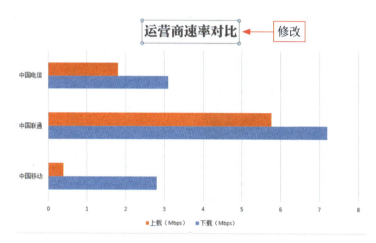

图 8-53　修改图表标题

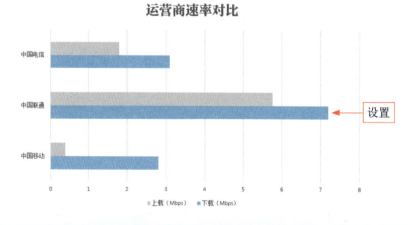

图 8-54　设置条形图的填充颜色

步骤 06：双击水平方向的坐标轴，打开"设置坐标轴格式"窗格，展开"坐标轴选项"，设置"边界"的"最小值"为 –8.5，如图 8-55 所示。

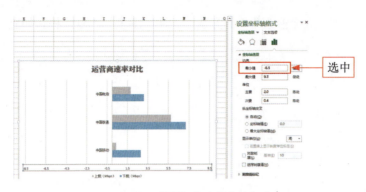

图 8-55 设置"边界"的"最小值"为 –8.5

步骤 07：选中"下载"系列，在窗格中的"系列选项"下，选中"次坐标轴"单选按钮，如图 8-56 所示。

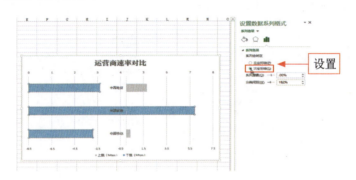

图 8-56 选中"次坐标轴"单选按钮

步骤 08：双击"次坐标轴"，打开"设置坐标轴格式"窗格，展开"坐标轴选项"，设置"边界"的"最小值"为 –8.5，如图 8-57 所示。

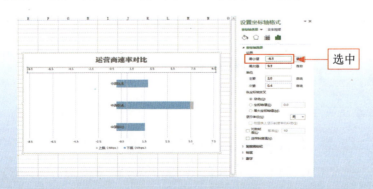

139

图 8-57 设置"边界"的"最小值"为 –8.5

步骤 09：在"坐标轴选项"下方选中"逆序刻度值"复选框，如图 8-58 所示。

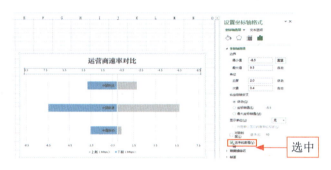

图 8-58 选中"逆序刻度值"复选框

步骤 10：双击坐标轴，打开"设置坐标轴格式"窗格，设置"标签位置"为"低"，即可完成设置，如图 8-59 所示。

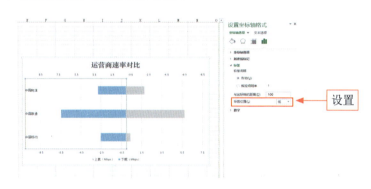

图 8-59 设置"标签位置"为"低"

设置前后对比图如图 8-60 所示。

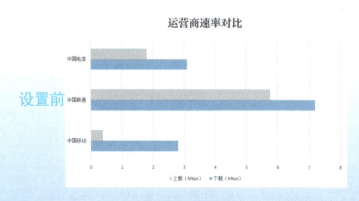

图 8-60 对比图

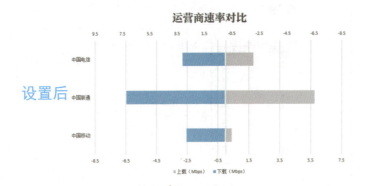

图 8-60 对比图（续）

8.2.3 实例 3：使用同系列面积图表示数据总额

在使用折线图的同时添加面积图，是一种组合图表，面积图可以突出总值趋势。下面介绍使用同系列面积图表示数据总额的具体操作。

步骤 01： 打开 Excel 2013，单击"空白工作簿"，新建一个 Excel 工作簿，如图 8-61 所示。

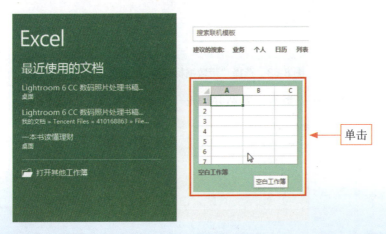

图 8-61 单击"空白工作簿"

步骤 02： 进入工作簿界面，在工作簿的单元格内输入数据，如图 8-62 所示。

图 8-62 输入数据

步骤 03：选中所有数据，切换至"插入"面板，选择"带数据标记的折线图"选项，如图 8-63 所示。

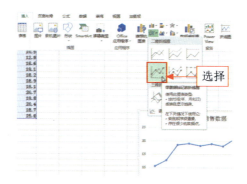

图 8-63 选择"带数据标记的折线图"选项

步骤 04：复制所有数据，粘贴并插入一个面积图，如图 8-64 所示。

图 8-64 插入一个面积图

专家提醒

由于两组数据一模一样，不能用自带的组合，所以需要另插入一个面积图。

步骤05：将面积图的"图表标题""横纵坐标""网格线"全部删除，将"图表区"及"绘图区"的"填充颜色"设为"无颜色"，"边框"设为"无边框"，如图8-65所示。

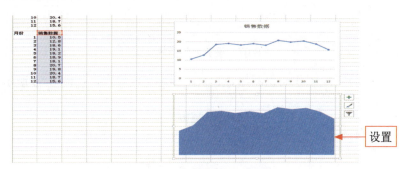

图8-65 设置面积图的样式

步骤06：切换至"图表工具"栏下的"格式"面板，设置折线图的线条及标记格式，如图8-66所示。

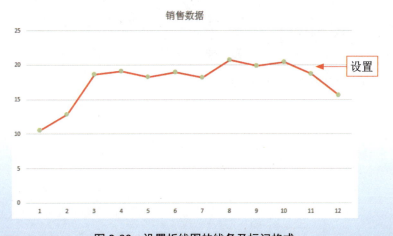

图8-66 设置折线图的线条及标记格式

步骤 07：设置面积图的填充颜色及透明度，如图 8-67 所示。

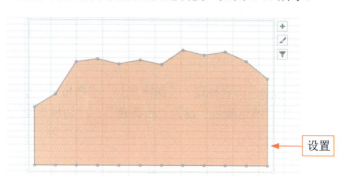

图 8-67　设置面积图的格式

步骤 08：将折线图和面积图结合起来，即可完成设置，如图 8-68 所示。

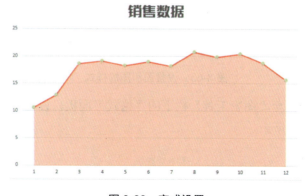

图 8-68　完成设置

设置前后对比图如图 8-69 所示。

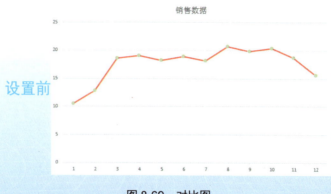

图 8-69　对比图

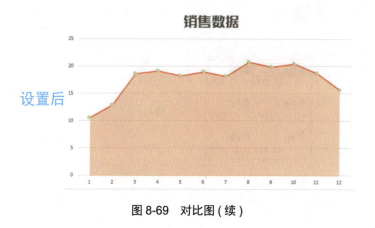

图 8-69　对比图（续）

8.2.4　实例 4：使用多个饼图重叠凸显对比关系

有时候将独立的个体聚集在一起更能凸显对比关系。

下面介绍多个饼图重叠的具体操作。

步骤 01: 打开 Excel 2013，单击"空白工作簿"，新建一个 Excel 工作簿，如图 8-70 所示。

图 8-70　单击"空白工作簿"

步骤 02: 进入工作簿界面，在工作簿的单元格内输入数据，如图 8-71 所示。

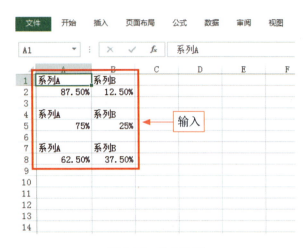

图 8-71　输入数据

步骤 03：分别选择各组数据，切换至"插入"面板，选择"三维饼图"选项，如图 8-72 所示。

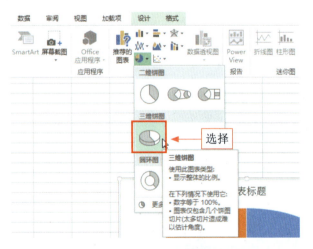

图 8-72　选择"三维饼图"选项

步骤 04：插入 3 个"三维饼图"后，修改其中一个图表标题，保留一个图例，将其他"三维饼图"图表区和绘图区的"填充颜色"设为"无填充颜色"和"边框"设为"无边框"，如图 8-73 所示。

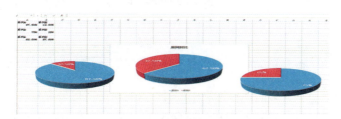

图 8-73　设置"三维饼图"格式

步骤 05：设置三维饼图的填充颜色，并在三维饼图上单击鼠标右键，弹出快捷菜单，选择"添加数据标签"选项，设置数据标签格式，如图 8-74 所示。

步骤 06：改变各个三维饼图的大小，并将三维饼图按从小到大的顺序重叠，调整数据标签的位置即可完成设置，如图 8-75 所示。

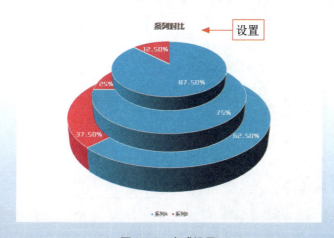

图 8-74　设置三维饼图的格式

图 8-75　完成设置

147

设置前后对比图如图 8-76 所示。

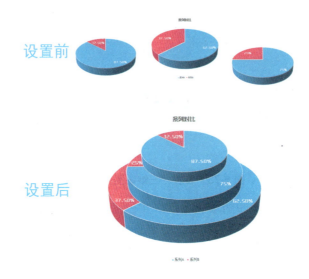

图 8-76　对比图

8.2.5　实例5：用复合饼图表示多项数据

一个饼图里面有太多的项目不利于阅读，这时候就可以发挥复合饼图的作用了。下面利用实例 3 的数据介绍用复合饼图表示多项数据的具体操作。

步骤01：打开 Excel 2013，单击"空白工作簿"，新建一个 Excel 工作簿，如图 8-77所示。

图 8-77　单击"空白工作簿"

步骤 02：进入工作簿界面，将数据复制过来，如图 8-78 所示。

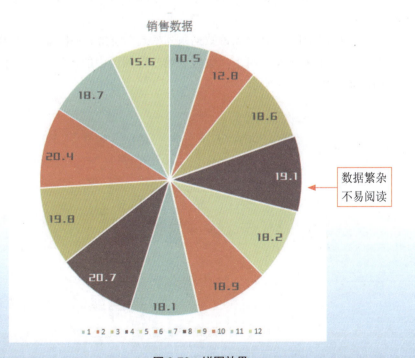

图 8-78　输入数据

　　步骤 03：选中所有数据，切换至"插入"面板，选择"饼图"选项。我们来看看饼图的效果，如图 8-79 所示。

图 8-79　饼图效果

步骤 04：如果要修改成符合饼图，需要首先修改数据，如图 8-80 所示。

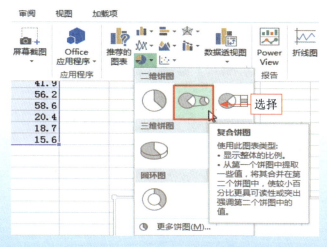

图 8-80 修改数据

步骤 05：选中修改后的数据，切换至"插入"面板，选择"复合饼图"选项，如图 8-81 所示。

步骤 06：双击饼图，打开"设置数据系列格式"窗格，如图 8-82 所示。

步骤 07：在"系列选项"组下，设置"第二绘图区中的值"为 3，并默认其他设置项的设置，如图 8-83 所示。

图 8-81 选择"复合饼图"选项

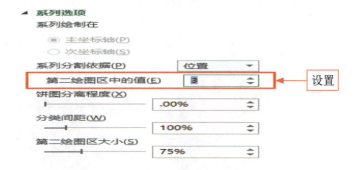

图 8-82　打开"设置数据系列格式"窗格

▲ **系列选项**

系列绘制在

◉ 主坐标轴(P)

◯ 次坐标轴(S)

系列分割依据(P)　　　　　位置　　▼

　第二绘图区中的值(E)　　**3**　　⇕　　←　　设置

饼图分离程度(X)　　　　.00%　　⇕

分类间距(W)　　　　　　100%　　⇕

第二绘图区大小(S)　　　　75%　　⇕

图 8-83　设置"第二绘图区中的值"为 3

步骤 08：执行操作后，设置复合饼图的填充颜色，为复合饼图添加数据标签，并设置数据标签格式，即可完成设置。效果如图 8-84 所示。

销售数据

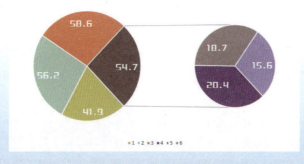

图 8-84　完成设置

设置前后对比图如图 8-85 所示。

设置前

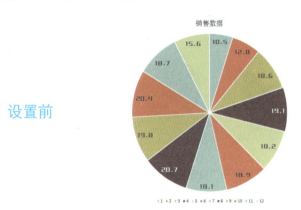

设置后

图 8-85　对比图

版式可视化：提升阅读感受　第 9 章

信息图的布局最重要的就是凸显主题，让读者有更好的阅读感受。本章从布局的应用技巧和 PPT 实战制作案例两个方面，来介绍版式可视化的相关制作。

基础——布局可视化
快速入门知识

版式可视化：提升阅读感受

实战——PPT 案例
效果制作步骤详解

9.1 基础——布局可视化快速入门知识

信息图的布局最重要的就是突显主题，让读者有更好的阅读感受。下面介绍布局的应用技巧。

9.1.1 基础 1：版式布局强调对齐

版式布局强调对齐，也就是说，布局要按照一定的方向、顺序，将元素进行对齐排列。

举个简单的例子说明一下，如图 9-1 所示。

图 9-1 举例说明

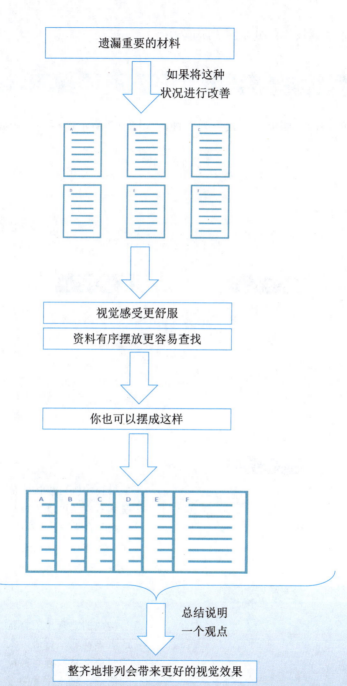

图 9-1　举例说明（续）

对齐的具体操作参见 9.2 节的实例 1。

9.1.2　基础 2：布局符合阅读习惯

人们的阅读习惯可以大致分为 3 种，如图 9-2 所示，相关说明如图 9-3 所示。

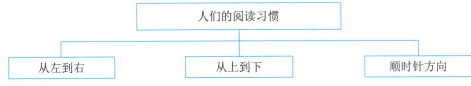

图 9-2　人们的阅读习惯

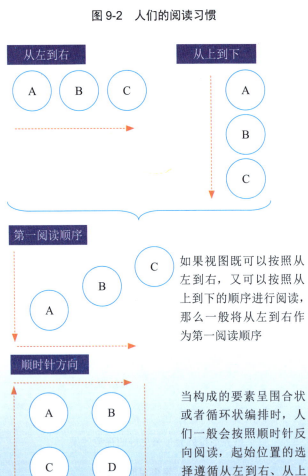

如果视图既可以按照从左到右，又可以按照从上到下的顺序进行阅读，那么一般将从左到右作为第一阅读顺序

当构成的要素呈围合状或者循环状编排时，人们一般会按照顺时针反向阅读，起始位置的选择遵循从左到右、从上到下的原则

图 9-3　3 种阅读习惯的说明

9.1.3　基础 3：调整图文对应关系

在信息图中，插入图片可使页面瞬间鲜活起来，甩掉满版文字的阅读枯燥感，而且图文也是构建信息图的必要元素。

下面介绍一些表示图文对应关系的技巧。

1. 一张图片对应一段文字的情形

首先准备一张图片和一段文字

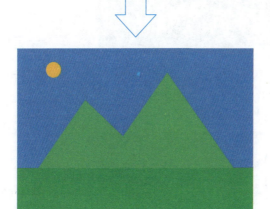

景点介绍：安徽宏村
推荐描述：不食人间烟火的画里村庄，一次又一次的执着，是遇见这里的长情

对以上图片和文字进行一对一图文对应的表述方式有两种

拉近图文间的距离

通过色框、色块来明确图文对应关系

1) 拉近图文间的距离

方式一：

景点介绍：安徽宏村

推荐描述：不食人间烟火的画里村庄，一次又一次的执着，是遇见这里的长情

方式二：

景点介绍：安徽宏村

推荐描述：不食人间烟火的画里村庄，一次又一次的执着，是遇见这里的长情

2) 通过色框、色块来明确图文对应关系

方式一：

景点介绍：安徽宏村

推荐描述：不食人间烟火的画里村庄，一次又一次的执着，是遇见这里的长情

方式二：

景点介绍：安徽宏村

推荐描述：不食人间烟火的画里村庄，一次又一次的执着，是遇见这里的长情

2. 多张图片对应一段文字的情形

如果是多张图片对应一段文字

 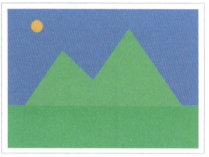

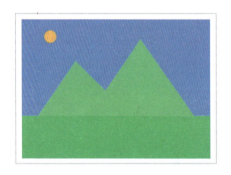 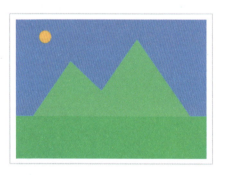

景点介绍：安徽宏村
推荐描述：不食人间烟火的画里村庄，一次又一次的执着，是遇见这里的长情

对以上图片和文字进行多对一图文对应的表述方式有三种

图围绕文排列　　通过色框、色块来明确图文对应关系　　添加指示性元素

1) 图围绕文排列

方式一：

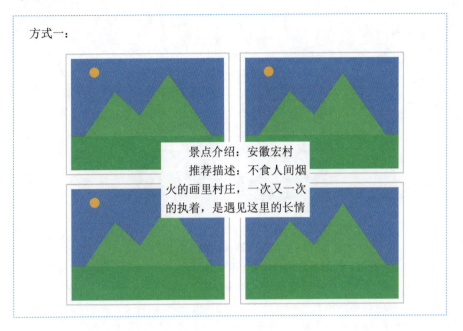

方式二：

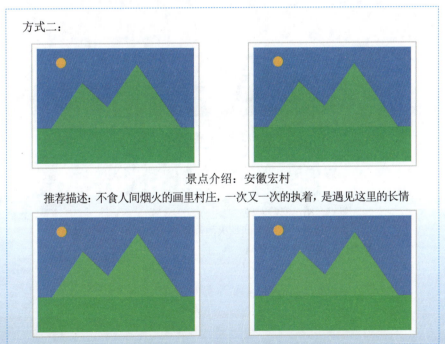

景点介绍：安徽宏村

推荐描述：不食人间烟火的画里村庄，一次又一次的执着，是遇见这里的长情

2) 通过色框、色块来明确图文对应关系

方式一：

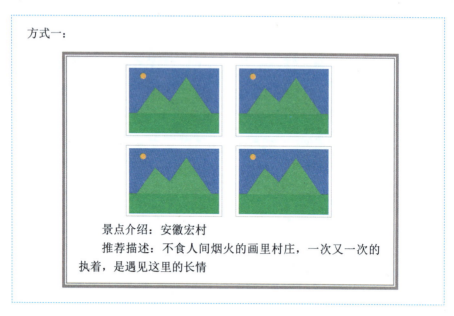

景点介绍：安徽宏村

推荐描述：不食人间烟火的画里村庄，一次又一次的执着，是遇见这里的长情

方式二：

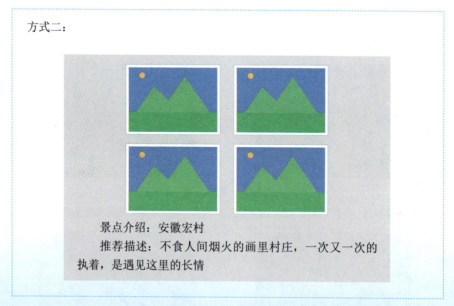

景点介绍：安徽宏村

推荐描述：不食人间烟火的画里村庄，一次又一次的执着，是遇见这里的长情

3) 添加指示性元素

方式一：

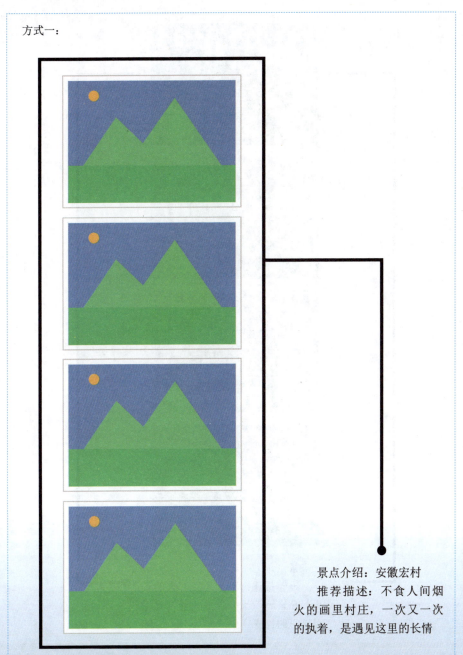

景点介绍：安徽宏村
推荐描述：不食人间烟火的画里村庄，一次又一次的执着，是遇见这里的长情

方式二：

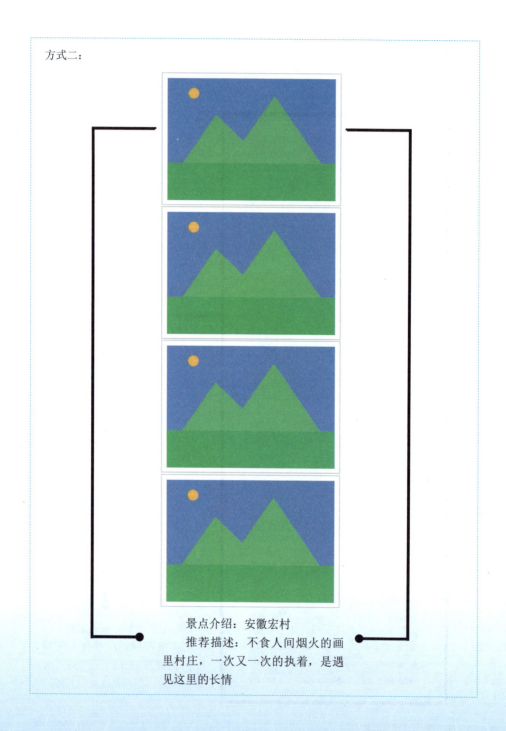

景点介绍：安徽宏村

推荐描述：不食人间烟火的画里村庄，一次又一次的执着，是遇见这里的长情

3. 一张图片对应多段文字的情形

如果是一张图片对应多段文字

安徽宏村

南湖景点

风景如画

对以上图片和文字进行一对多图文对应的表述方式有两种

文字标注在图中

添加指示性元素

1) 文字标注在图中

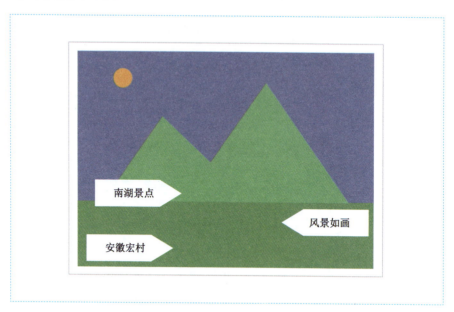

2) 添加指示性元素

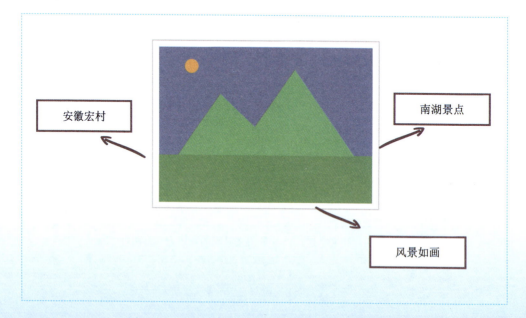

9.1.4　基础 4：曲线布局凸显灵活性

曲线布局就是将多个元素按照某种曲线的走向进行布局，曲线布局大致可以分为 4 种，如图 9-4 所示。

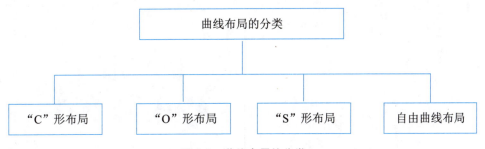

图 9-4　曲线布局的分类

1. "C" 形布局

"C" 形布局适合用在元素较少，但需要营造饱满、灵动视觉效果的视图编排中。

2. "O" 形布局

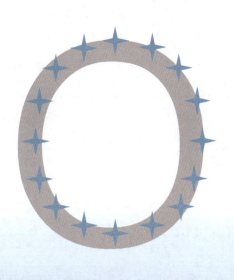

"O" 形布局适合编排循环形流程，但其视觉效果不如其他布局灵活。

3. "S"形布局	4. 自由曲线布局
	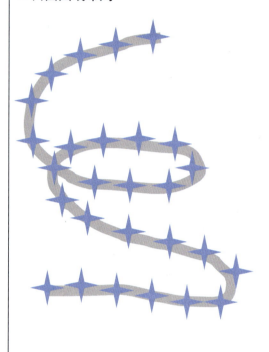
"S"形布局多用在与女性主题相关的编排中，韵律感、流动感非常强。	自由曲线布局一般是基于某种设计的需要而特意为之的，不是随意的。

 专家提醒

在使用曲线布局时，可以灵活使用箭头，用箭头增强布局的流动性。

9.1.5　基础5：三角形布局体现稳定性

大家都知道，三角形是最稳固的几何形态，如果要给读者传达稳固的关系，可以使用三角形布局。三角形布局可以大致分为两种，如图9-5所示。

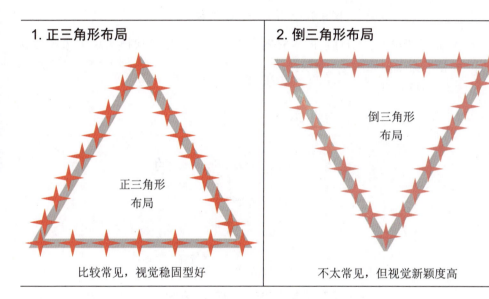

图 9-5　三角形布局的分类

9.2　实战——PPT 案例效果制作步骤详解

下面具体介绍如何用 PPT 制作案例效果。

9.2.1　实例 1：轻松设置布局对齐

下面以小暑防暑为例，介绍布局对齐设置的具体操作。

步骤 01：打开 PowerPoint 2013，单击"空白演示文稿"，新建一个幻灯片，如图 9-6 所示。

图9-6　单击"空白演示文稿"

步骤02： 在第一张幻灯片的缩略图上右击，在弹出的快捷菜单中选择"版式"|"空白"命令，如图9-7所示。

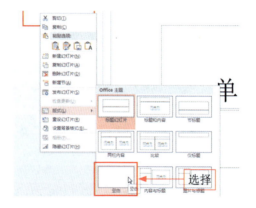

图9-7　选择"版式"|"空白"命令

步骤03： 切换至"插入"选项卡，单击"形状"选项右侧的下拉按钮，在弹出的下拉列表中选择"椭圆"选项，如图9-8所示。

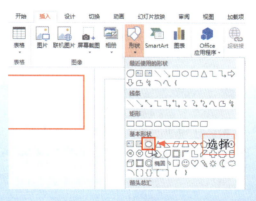

图9-8　选择"椭圆"选项

步骤 04：执行操作后，按住 Shift 键的同时，在幻灯片的空白处拖曳鼠标，绘制出圆形，并设置"形状填充"为"浅黄"(R:248，G:215，B:162)，"形状轮廓"为"青色"(R:129，G:173，B:178)，"粗细"为 9 磅，如图 9-9 所示。

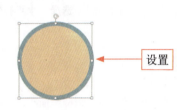

图 9-9　设置形状格式

步骤 05：用与上同样的方法，在幻灯片中插入 4 个"泪滴形"形状，设置"形状填充"为青色，"形状轮廓"为浅黄，"粗细"为 6 磅，如图 9-10 所示。

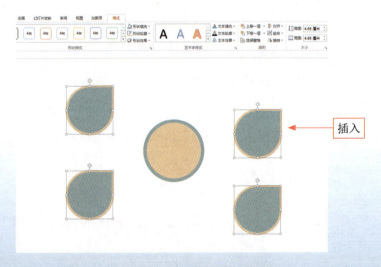

图 9-10　设置形状格式

步骤 06：选中上方的两个"泪滴形"形状，选择"垂直翻转"选项，再选中右侧两个"泪滴形"形状，在"旋转"下拉列表中选择"水平翻转"选项，如图 9-11 所示。

图 9-11　选择"水平翻转"选项

在 PowerPoint 2013 中，移动形状或者文本框时，会出现红色、灰色虚线以及红色双箭头，如图 9-12 所示，这些都是表示对齐、等距的参考。

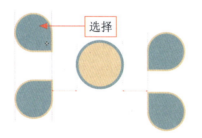

图 9-12　移动形状或文本框时出现的虚线及双箭头

步骤 07：执行操作后，选中上方的两个"泪滴形"形状，调出"格式"面板下的"对齐"下拉列表，选择"顶端对齐"选项，如图 9-13 所示。

图 9-13　选择"顶端对齐"选项

步骤 08：按住 Shift 键的同时拖动鼠标，将右上方的"泪滴形"形状平行移动至合适位置，如图 9-14 所示。

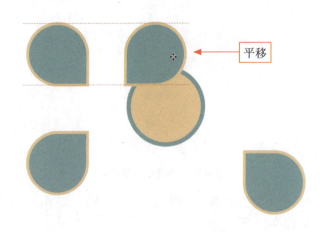

平移

图 9-14　平移右上方的"泪滴形"形状

步骤 09：用与上相同的方法，对齐并调整下面两个"泪滴形"形状的位置，如图 9-15 所示。

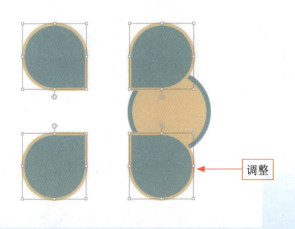

调整

173

图 9-15　调整下面两个"泪滴形"形状的位置

步骤 10：选中 4 个"泪滴形"形状，按 Ctrl+G 组合键，对其进行组合，并旋转 45°，调整至合适位置，如图 9-16 所示。

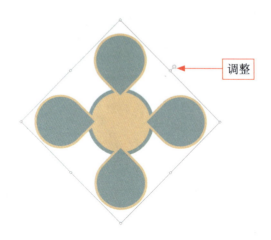

图 9-16　调整至合适位置

　　步骤 11：分别在 4 个"泪滴形"形状及圆形中输入文字，并设置字体样式，即可完成设置，如图 9-17 所示。

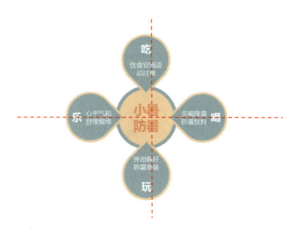

图 9-17　完成设置

9.2.2　实例 2：巧妙设置图文表达

　　做信息图时，如果决定使用图片，首先需要考虑的就是图片与信息图是否协调的问题，举个简单的例子，如果全信息图都是简洁的手绘风格，这时加入一些说明性、颜色复杂的图片，就会破坏信息图整体的和谐。

下面以食物制作为例，介绍巧妙设置图文表达的具体操作。

步骤 01：打开 PowerPoint 2013，单击"空白演示文稿"，新建一个幻灯片，如图 9-18 所示。

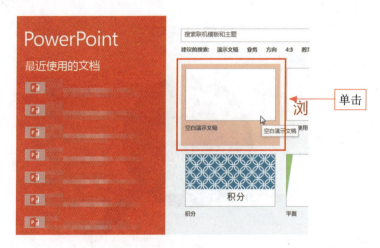

图 9-18　单击"空白演示文稿"

步骤 02：在第一张幻灯片的缩略图上右击，在弹出的快捷菜单中选择"版式"|"空白"命令，如图 9-19 所示。

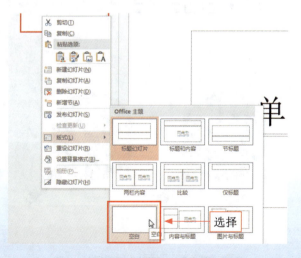

图 9-19　选择"版式"|"空白"命令

步骤 03：切换至"插入"选项卡，单击"图片"按钮，在计算机的相应位置选择素材图片插入，如图 9-20 所示。

步骤 04：执行操作后，调整图片的大小，并按 Ctrl+D 组合键，复制一个图片，并对齐摆放，如图 9-21 所示。

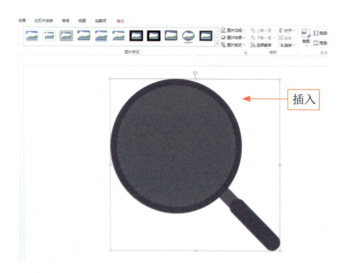

图 9-20　插入素材图片

图 9-21　复制并调整图片

步骤 05：执行操作后，切换至"插入"选项卡，单击"图片"按钮，在计算机的相应位置选择素材图片插入，如图 9-22 所示。

图 9-22 插入素材图片

步骤 06：执行操作后，调整各个图片的大小，并调整图片至合适位置，如图 9-23 所示。

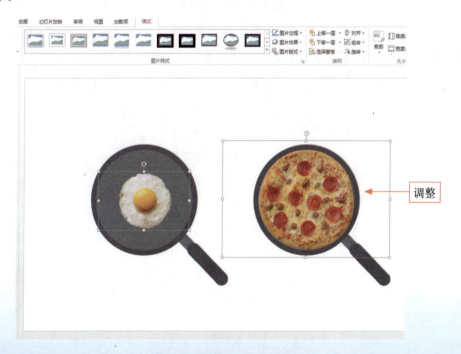

图 9-23 调整图片大小和位置

步骤 07：执行操作后，切换至"插入"选项卡，绘制一个文本框，输入文字并设置字体样式，将文本框旋转合适角度，放置在平底锅的手柄上，如图 9-24 所示。

图 9-24 插入文本框

步骤 08：执行操作后，切换至"插入"选项卡，单击"形状"选项右侧的下拉按钮，在弹出的下拉列表中选择"矩形"选项，如图 9-25 所示。

图 9-25 选择"矩形"选项

步骤09：执行操作后，在幻灯片的合适位置绘制一个矩形，并用与上相同的方式插入多条直线，并调整矩形和直线的位置，如图 9-26 所示。

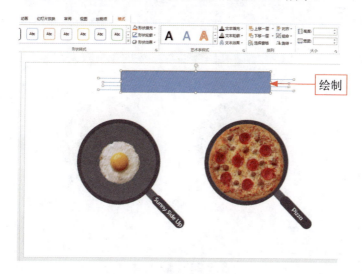

图 9-26　绘制矩形与直线

步骤10：执行操作后，分别设置矩形的填充颜色、边框颜色及直线的边框颜色，如图 9-27 所示。

图 9-27　设置矩形与直线格式

步骤 11：执行操作后，在矩形中插入标题，如图 9-28 所示。

图 9-28　插入标题

步骤 12：执行操作后，再绘制两个文本框输入两种食物的制作详情即可完成设置。

9.2.3　实例 3：设置图文有序混排布局

好的图文混排布局能够准确地向读者传达信息内容，不好的图文混排布局会使读者摸不着头脑，找不到阅读的方向。

在信息图的制作中，图文混排是常见的，如果把图文混排的布局掌控好，会对整体的信息传达起到一个大的提升作用。

下面用移动电商的例子，介绍设置图文有序混排布局的具体操作。

步骤 01：打开 PowerPoint 2013，单击"空白演示文稿"，新建一个幻灯片，如图 9-29 所示。

图 9-29　单击"空白演示文稿"

步骤 02：在第一张幻灯片的缩略图上右击，在弹出的快捷菜单中选择"版式"|"空白"命令，如图 9-30 所示。

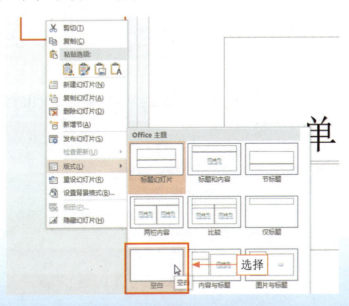

图 9-30　选择"版式"|"空白"命令

步骤 03：切换至"插入"选项卡，插入文本框，输入文字，然后插入图片，并将文字和图片进行常规布局摆放，如图 9-31 所示。

支付创新改变商业模式

移动支付市场的成长性主要取决于智能手机数量、移动支付APP的普及度以及移动支付的实际使用率等三个方面的要素。

（1）**移动支付的硬件支持。** 智能手机的快速发展为移动支付的发展提供基础。

（2）**移动支付的软件基础。** 移动支付的手机APP主要有手机网银、第三方支付手机平台、金融证券、购物网站等手机终端。

（3）**移动支付的实际使用率。** 目前，移动支付市场已经具备了相当充分的硬、软件条件，而移动支付的实际使用率就成为影响移动支付市场发展的最关键因素。

图 9-31　常规布局摆放

 专家提醒

图 9-31 的页面保留了商务类布局的基本特性——规矩方正。下面的三张图分别对应了图上方的三点内容，但由于排版的问题，使得图片与内容缺乏呼应和指向性，页面有种为了放图而放图的感觉。

步骤 04： 利用形状、线条，以及删减文字内容，将幻灯片中的文字内容区分主次关系，如图 9-32 所示。

支付创新改变商业模式

移动支付市场的成长性主要取决于智能手机数量、移动支付APP的普及度以及移动支付的实际使用率三个方面的要素。

1. 移动支付的硬件支持　　**2. 移动支付的软件基础**　　**3. 移动支付的实际使用率**

智能手机的快速发展为移动支付的发展提供基础　　移动支付的手机APP主要有手机网银等手机终端　　移动支付的实际使用率成为市场发展的最关键因素

图 9-32　区分主次关系

步骤05：将图片大小调至大小均等，并将相对应的内容信息排列至图片下方，使得图片与文字相呼应，强调图文的关联性，如图 9-33 所示。

图 9-33　强调图文的关联性

设置前后对比图如图 9-34 所示。

设置前

设置后

图 9-34　对比图

9.2.4　实例4：设置图文无序混排布局

在制作信息图时，总会遇到一些内容轻松、类型活泼的信息图，这些信息图可能需要打破常规，将图文进行无序混排。

下面用移动电商的例子，介绍设置图文无序混排布局的具体操作。

步骤 01： 打开 PowerPoint 2013，单击"空白演示文稿"，新建一个幻灯片，如图 9-35 所示。

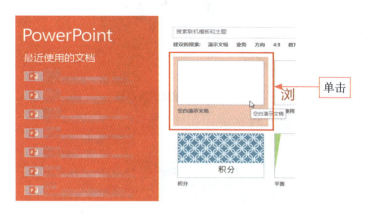

图 9-35　单击"空白演示文稿"

步骤 02： 在第一张幻灯片的缩略图上右击，在弹出的快捷菜单中选择"版式"|"空白"命令，如图 9-36 所示。

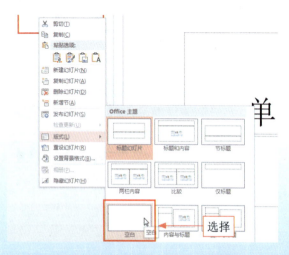

图 9-36　选择"版式"|"空白"命令

步骤 03：切换至"插入"选项卡，插入图片，将图片进行常规布局摆放，然后插入文本框，输入文字，设置字体样式，如图 9-37 所示。

图 9-37　设置字体样式

专家提醒

如图 9-37 所示的页面保留了图片布局的基本特性——方块排列。下面的 8 张图分别对齐整齐排列，但由于排版的问题，使得图片缺乏活力，过于死板，页面没有突出快乐、活泼的感觉。

步骤 04：将照片铺开、叠放于页面周围，围绕于文字主题，布局会显得活泼很多，如图 9-38 所示。

图 9-38　调整布局

设置前后对比图如图 9-39 所示。

设置前

设置后

图 9-39　对比图

9.2.5　实例 5：灵活设置三角形布局

在上节内容里提到过，三角形是一种最稳固的几何形态，可以给读者传达稳固的关系。

下面用实例 3 移动电商的例子，介绍设置三角形布局的具体操作。

步骤 01：打开 PowerPoint 2013，单击"空白演示文稿"，新建一个幻灯片，如图 9-40 所示。

图 9-40 单击"空白演示文稿"

步骤 02：在第一张幻灯片的缩略图上右击，在弹出的快捷菜单中选择"版式"|"空白"命令，如图 9-41 所示。

图 9-41 选择"版式"|"空白"命令

步骤 03：将实例 3 的内容复制过来，如图 9-42 所示。

步骤 04：下面要将实例 3 的内容转化成三角形布局的形式，首先删除不需要的元素及图片，只保留文字和标题，如图 9-43 所示。

步骤 05：挑出关键词，将关键词标识出来，然后插入形状，大致组成一个三角形布局，如图 9-44 所示。

图 9-42 复制内容

图 9-43 只保留文字和标题

图 9-44　三角形布局构图

步骤 06：将其他文字删掉，保留关键词，将关键词逐一嵌入三角形布局中，如图 9-45 所示。

图 9-45　将关键词逐一嵌入三角形布局中

步骤 07：删掉三角形的辅助框架，设置字体颜色及大小，调整圆形的大小，即可完成设置，如图 9-46 所示。

图 9-46　完成设置

专家提醒

　　内容组成三角形布局之后，形状的样式也是可以根据信息图的表达和风格进行另外设置的。

设置前后对比效果如图 9-47 所示。

图 9-47　设置前后对比

设置后

图 9-47　设置前后对比（续）

纯案例实战：信息图的应用　第10章

随着大众越来越了解信息图，信息图在方方面面的应用率都有提升。本章通过 5 个常见的案例，来介绍信息图的相关制作知识。

		案例 1：政府公布信息制作
		案例 2：企业官网简介制作
纯案例实战：信息图的应用		案例 3：企业招聘信息制作
		案例 4：淘宝网页详情页制作
		案例 5：个人求职简历制作

10.1 案例 1：政府公布信息制作

政府公布的信息通过信息图的方式传达出来，会更容易让人理解。

比如 2015 年 2 月以来，央行连续宣布降准降息、两会释放出利好房地产市场的信息、公积金调整政策等。

这些公布的信息如果通过信息图表示，更清楚明了。

步骤 01：启动 PowerPoint 2013，新建一个空白幻灯片，切换至"设计"面板，单击"幻灯片大小"选项下方的下拉按钮，选择"自定义幻灯片大小"选项，弹出"幻灯片大小"对话框，设置幻灯片的"宽度""高度"，并将幻灯片设置为"纵向"，如图 10-1 所示。

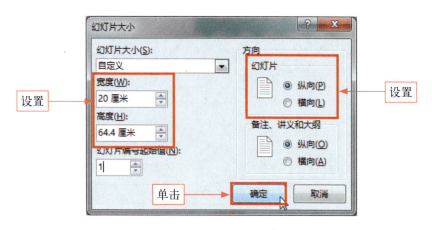

图 10-1 创建幻灯片

步骤 02：切换至"插入"面板，单击"图片"按钮，弹出"插入图片"对话框，在计算机的合适位置，选择图片素材插入，如图 10-2 所示。

图 10-2 插入图片

步骤 03：切换至"插入"面板，插入文本框，输入文字"2015 年楼市"，并设置"字体"为"方正正中黑简体"，"字号"为32，换行输入"新房二手房双回暖"，并设置"字体"为"方正兰亭特黑_GBK"，"字号"为 54，"字体颜色"都为"深青"(R:25，G:91，B:111)，如图 10-3 所示。

图 10-3　输入标题

步骤 04：切换至"插入"面板，插入文本框，输入小标题文字"2015 新政组合"，并设置字体颜色和样式，如图 10-4 所示。

图 10-4　输入小标题

195

步骤 05：在小标题下方添加内容，设置相应字体格式，添加透明的色块对内容进行分割，并在"十大城市"部分添加下划线及注释文字，如图 10-5 所示。

图 10-5　设置内容

步骤 06：切换至"插入"面板，插入文本框，输入小标题文字"330 新政后两周"，并设置字体颜色和样式，如图 10-6 所示。

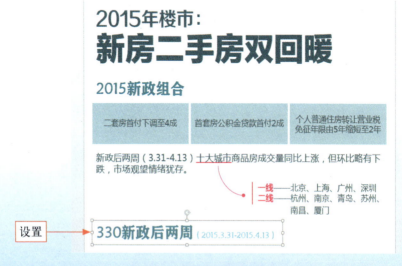

图 10-6　设置字体颜色和样式

步骤 07：切换至"插入"面板，单击"图表"按钮，弹出"插入图表"对话框，选择"百分比堆积条形图"选项，单击"确定"按钮，插入百分比堆积条形图，在"Microsoft PowerPoint 中的图表"对话框中输入数据，设置条形图的颜色填充，删除除条形数据点以外的其他元素，并添加数据标签，设置标签的字体格式，在图表上方添加数据点说明，如图 10-7 所示。

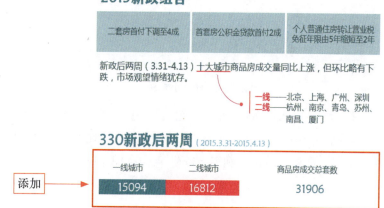

图 10-7　添加图表及说明文字

步骤 08：在图表下方添加数据信息，如图 10-8 所示。

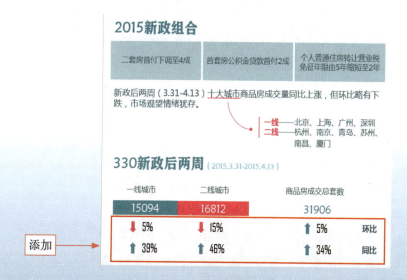

图 10-8　添加数据信息

步骤 09：切换至"插入"面板，插入文本框，输入小标题文字"存销比继续下降"，并设置字体颜色和样式，如图 10-9 所示。

图 10-9　输入小标题

步骤 10：切换至"插入"面板，单击"图表"按钮，弹出"插入图表"对话框，在左侧的"所有列表"框中，选择"柱形图"选项卡，在"柱形图"的右侧栏框中，选择"簇状柱形图"选项，单击"确定"按钮，如图 10-10 所示。

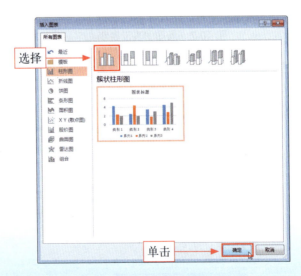

图 10-10　选择"簇状柱形图"选项

步骤 11：执行操作后，即可插入柱形图，在"Microsoft PowerPoint 中的图表"对话框中输入相应的数据，删除图表标题、网格线，将图例移至右上角，设置坐标轴单位、字体格式以及柱形的"形状填充"，如图 10-11 所示。

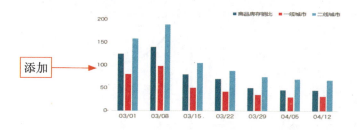

图 10-11 添加图表

步骤 12：在柱形图上方添加文字说明，如图 10-12 所示。

图 10-12 添加文字说明

步骤 13：在柱形图的空白处添加递减箭头填充空白，如图 10-13 所示。

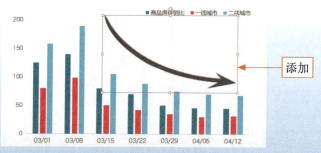

图 10-13 添加递减箭头

199

步骤 14：切换至"插入"面板，插入文本框，输入小标题文字"中原二手房经理指数 单位：%"，并设置字体颜色和样式，如图 10-14 所示。

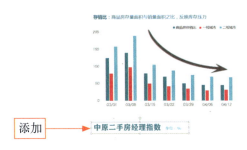

图 10-14　添加小标题

步骤 15：在小标题下方添加柱形图，输入数据，修改柱形图的填充颜色，添加数据标签，并修改数据标签的格式，如图 10-15 所示。

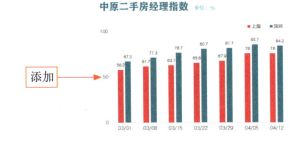

图 10-15　添加图表

步骤 16：添加细节说明，并在柱形图的空白处添加递增箭头，如图 10-16 所示。

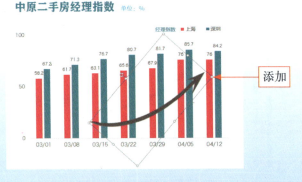

图 10-16　添加递增箭头

步骤 17：添加矩形，设置矩形样式，并添加信息图的信息源、发布人与制作者即可完成设置。整体效果如图 10-17 所示。

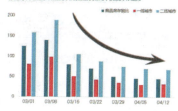

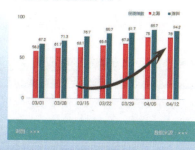

图 10-17　效果图

10.2 案例2：企业官网简介制作

企业官网的简介通常是大段文字，看起来很累，大多人看到文字多也就不会细看了，如果使用信息图，企业官网的简介可以变得更加吸引人。

下面以乐村淘（乐村淘隶属于山西乐村淘网络科技有限公司，是为8亿农民提供服务的电商平台）为例，介绍企业官网简介制作。

步骤01：启动PowerPoint 2013，新建一个空白幻灯片，切换至"设计"面板，单击"幻灯片大小"选项下方的下拉按钮，选择"自定义幻灯片大小"选项，弹出"幻灯片大小"对话框，设置幻灯片的"宽度""高度"，并将幻灯片设置为"纵向"，如图10-18所示。

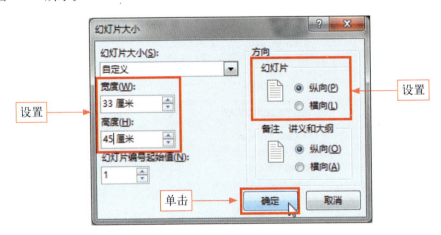

图 10-18 创建幻灯片

步骤02：切换至"插入"面板，在幻灯片的最上方插入一个矩形，并设置矩形的样式，在矩形上插入文本框，输入文字并设置字体格式，如图10-19所示。

图 10-19 插入并设置矩形和文本框

步骤 03：切换至"插入"面板，在幻灯片的左侧插入一条直线，并设置直线的样式，如图 10-20 所示。

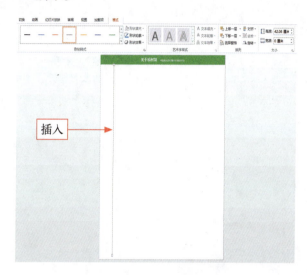

图 10-20　插入并设置直线

步骤 04：在直线上插入 3 个定位图形 (定位图形的具体制作见第 7 章实例 3)，并设置定位图形的样式，调整定位图形的位置和大小。在定位图形左侧插入文本框，输入导航文字，并设置文字的字体样式，如图 10-21 所示。

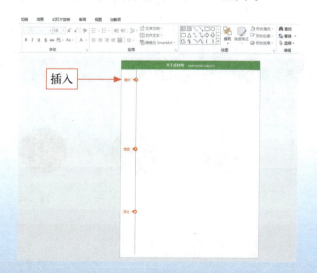

图 10-21　插入并设置定位图形和文本框

步骤05：在定位图形右侧插入 3 个文本框，输入小标题文字，并设置文字的字体样式，如图 10-22 所示。

图 10-22　插入文本框并设置文字样式

步骤06：切换至"插入"面板，在幻灯片的合适位置插入 3 个圆形，并分别设置圆形的样式，如图 10-23 所示。

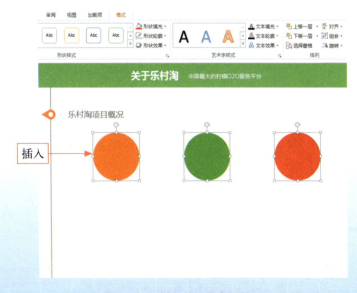

图 10-23　插入并设置定位图形

步骤 07：选中一个圆形，在圆形上单击鼠标右键，弹出快捷菜单，选择"编辑文字"选项，输入文字并设置字体样式。其他两个圆形采取同样的操作方式，如图 10-24 所示。

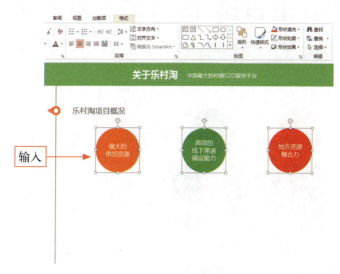

图 10-24　输入并设置字体样式

步骤 08：切换至"插入"面板，单击"图片"按钮，在计算机的合适位置选择图片插入，如图 10-25 所示。

图 10-25　插入图片

步骤 09：将图片调整成同等高度，单击"裁剪"下拉按钮，弹出下拉菜单，选择"裁剪为形状"右侧的下拉按钮，再选择"椭圆"选项，如图 10-26 所示。

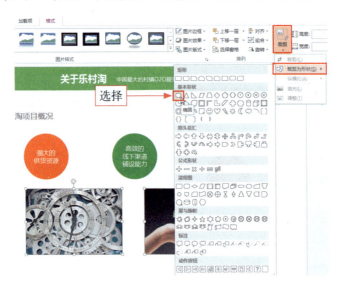

图 10-26　裁剪图片

步骤 10：调整裁剪的形状，将裁剪好的图片设置为与圆形同等高度，并调整至合适位置，如图 10-27 所示。

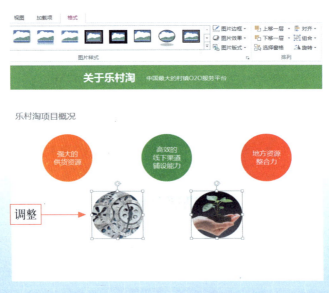

图 10-27　调整图片

步骤 11：在图片下方插入文本框，输入乐村淘项目的概况文字，并设置字体样式，如图 10-28 所示。

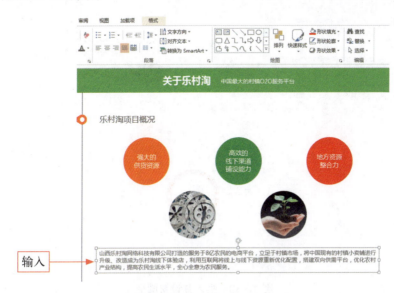

图 10-28　输入乐村淘项目的概况

步骤 12：切换至"插入"面板，在文本框下方插入一条直线，并设置直线的样式，如图 10-29 所示。

图 10-29　插入并设置直线

步骤 13：切换至"插入"面板，在幻灯片的合适位置插入一个圆形，并分别设置圆形的样式，如图 10-30 所示。

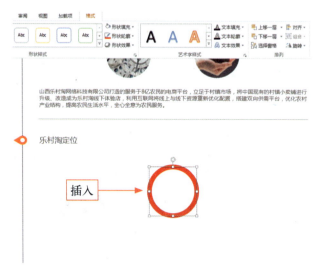

图 10-30　插入并设置圆形

步骤 14：切换至"插入"面板，单击"图片"按钮，在计算机的合适位置选择图片插入，并调整图片的大小和位置，如图 10-31 所示。

图 10-31　插入图片

步骤 15：切换至"插入"面板，在幻灯片的合适位置插入 6 个圆形、6 个圆角矩形，并分别设置圆形和圆角矩形的样式，如图 10-32 所示。

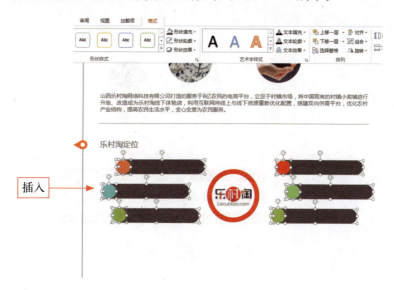

图 10-32　插入并设置形状

步骤 16：在 6 个圆角矩形上插入文本框，输入文字，并设置文字样式，如图 10-33 所示。

图 10-33　插入文本框

步骤 17：在图片下方插入文本框，输入乐村淘定位的文字，并设置字体样式，如图 10-34 所示。

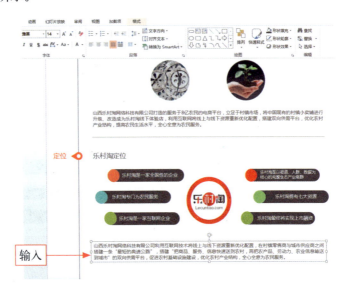

图 10-34　输入乐村淘的定位

步骤 18：复制乐村淘项目的概况文字下方的直线，将复制的直线调整至乐村淘定位文字下方的合适位置，如图 10-35 所示。

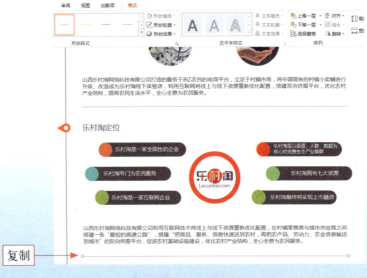

图 10-35　复制直线

步骤 19：切换至"插入"面板，在幻灯片的合适位置插入一个平行四边形，并设置平行四边形的形状及样式，如图 10-36 所示。

图 10-36　插入并设置平行四边形

步骤 20：在平行四边形上插入文本框，输入文字，并设置文本框和文字的样式，如图 10-37 所示。

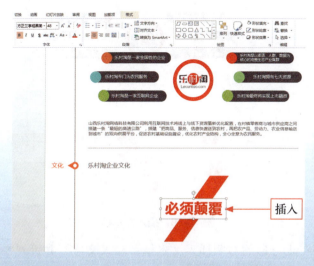

图 10-37　插入文本框

步骤21：切换至"插入"面板，在幻灯片的合适位置插入4个正方形，并设置正方形的样式，如图10-38所示。

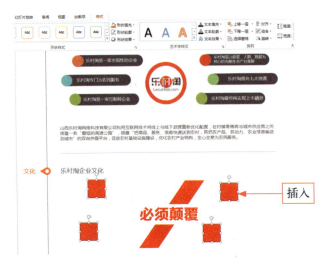

图10-38　插入并设置正方形

步骤22：在正方形的上方插入文本框，输入文字，并设置字体的样式，如图10-39所示。

图10-39　插入文本框

步骤23：在正方形的右侧插入文本框，输入文字，并设置字体的样式，如图10-40所示。

图 10-40　插入文本框

步骤24: 整体进行调整后即可完成官网简介的制作。整体效果如图10-41所示。

图 10-41　整体效果

10.3　案例3：企业招聘信息制作

一般的企业招聘都是在招聘启事中将要求一条一条列出供求职者查阅，很多求职者可能会因为启示文字冗长没有耐心仔细阅读，因而不了解公司而放弃应聘。如果利用信息图制作一个既有公司简介，又有人才招聘要求的招聘图，可以获得更好的效果。

下面以招商银行为例，介绍企业招聘信息图制作。

步骤01：启动 PowerPoint 2013，新建一个空白幻灯片，切换至"设计"面板，单击"幻灯片大小"选项下方的下拉按钮，选择"自定义幻灯片大小"选项，弹出"幻灯片大小"对话框，设置幻灯片的"宽度""高度"，并将幻灯片设置为"纵向"，如图 10-42 所示。

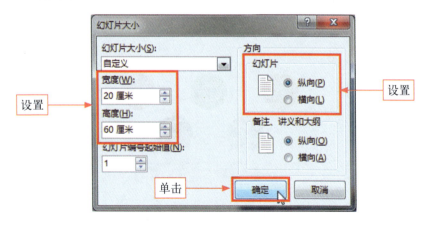

图 10-42　创建幻灯片

步骤02：切换至"设计"面板，单击"设置背景格式"按钮，弹出"设置背景格式"窗格，再展开"填充"菜单，设置"颜色"选项，如图 10-43 所示。

图 10-43　设置"颜色"选项

步骤 03：切换至"插入"面板，单击"图片"按钮，在计算机的合适位置选择图片插入，如图 10-44 所示。

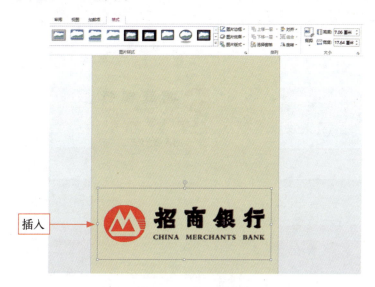

图 10-44　插入图片

步骤 04：调整图片的大小和位置，在图片下面插入文本框，输入文字，并设置字体样式，如图 10-45 所示。

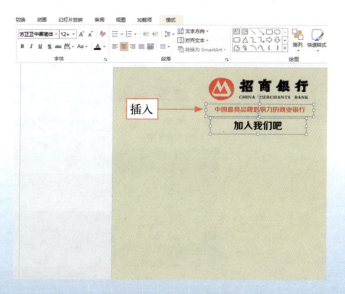

图 10-45　插入文本框

步骤 05：切换至"插入"面板，在两个文本框中间插入一条直线，并设置直线的样式，如图 10-46 所示。

图 10-46　插入并设置直线

步骤 06：切换至"插入"面板，单击"图片"按钮，在计算机的合适位置选择图片插入，调整图片的大小和位置，如图 10-47 所示。

图 10-47　插入图片

步骤 07：用与上相同的方法，在图片下方插入文本框和直线，在文本框中输入小标题，设置文本框的格式，调整文本框和直线的位置，如图 10-48 所示。

图 10-48　插入并设置文本框和直线

步骤 08：切换至"插入"面板，单击"形状"下方的下拉按钮，弹出下拉菜单，选择"矩形"栏中的"矩形"选项，在幻灯片的合适位置绘制矩形，并设置矩形的样式，如图 10-49 所示。

图 10-49　绘制并设置矩形

步骤 09：用与上相同的方法，插入矩形，并设置矩形的样式，如图 10-50 所示。

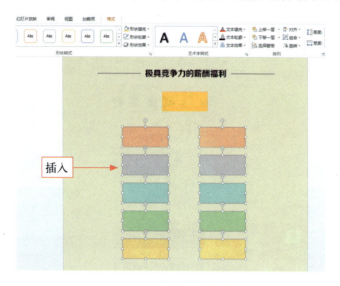

图 10-50　插入并设置矩形

步骤 10：在矩形中输入文字，设置字体样式，并调整矩形大小，如图 10-51 所示。

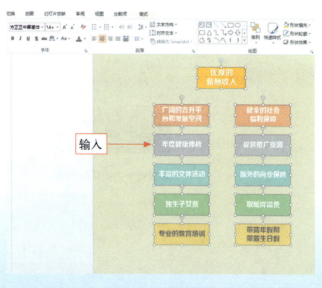

图 10-51　输入文字

步骤 11：切换至"插入"面板，单击"形状"下方的下拉按钮，弹出下拉菜单，选择"直线"选项，绘制直线，并设置直线的样式，用直线将矩形连接起来，再调整矩形的位置，如图 10-52 所示。

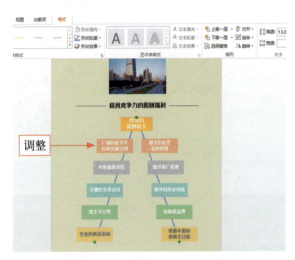

图 10-52 插入直线并调整矩形位置

步骤 12：选中薪酬福利部分的小标题和直线，按住 Shift+Ctrl 组合键的同时向下拖曳鼠标，至合适位置松开鼠标，复制小标题和直线，并修改小标题的内容，如图 10-53 所示。

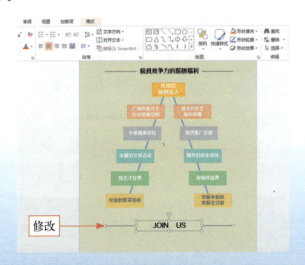

图 10-53 复制小标题和直线并修改小标题

步骤 13: 切换至"插入"面板,单击"形状"下方的下拉按钮,弹出下拉菜单,选择"菱形"选项,按住 Shift 键,绘制一个菱形,并复制 3 个菱形,组合成图形,如图 10-54 所示。

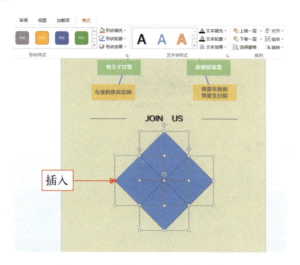

图 10-54　插入 4 个菱形并组成图形

步骤 14: 选中 4 个菱形,设置菱形的"形状填充"为"水绿色"(R:156, G:209, B:201),"形状轮廓"为白色,"粗细"为 3 磅,分别在 4 个菱形中输入文字,并分别设置字体样式,如图 10-55 所示。

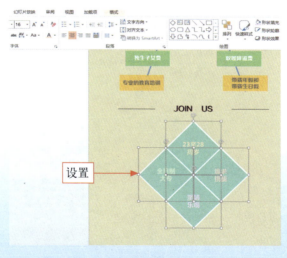

图 10-55　设置菱形及字体样式

步骤 15： 在菱形下方插入文本框，输入职位及需要人数，再插入矩形，设置矩形样式作为背景，在矩形上插入文本框，输入岗位职责等，如图 10-56 所示。

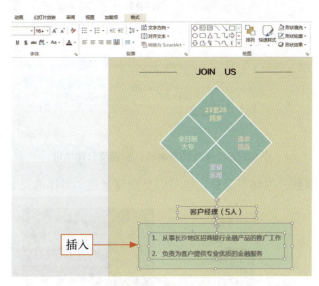

图 10-56 插入具体招聘职位内容

步骤 16： 选中 JOIN US 部分的小标题和直线，按住 Shift+Ctrl 组合键的同时向下拖曳鼠标，至合适位置松开鼠标，复制小标题和直线，并修改小标题的内容，如图 10-57 所示。

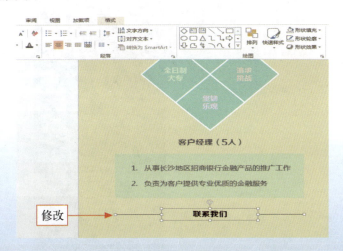

图 10-57 复制小标题和直线并修改小标题

步骤 17：在小标题下方插入联系电话、邮箱及公司地址，如图 10-58 所示。

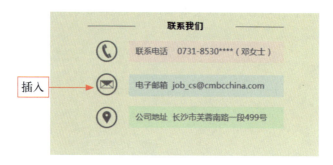

图 10-58　插入联系电话、邮箱及公司地址

步骤 18：调整一些细节部分，也可以更换背景色，整体效果如图 10-59 所示。

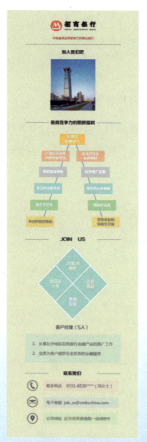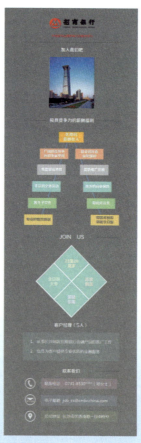

图 10-59　整体效果

10.4　案例 4：淘宝网页详情页制作

现在淘宝详情页的制作越来越丰富，信息图的应用形式也很常见。

下面以 Jawbone Up24 智能手环为例，介绍淘宝详情页的制作。

步骤 01：启动 PowerPoint 2013，新建一个空白幻灯片，切换至"设计"面板，单击"幻灯片大小"选项下方的下拉按钮，选择"自定义幻灯片大小"选项，弹出"幻灯片大小"对话框，设置幻灯片的"宽度""高度"，并将幻灯片设置为"纵向"，如图 10-60 所示。

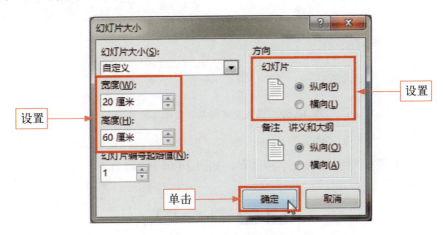

图 10-60　创建幻灯片

步骤 02：切换至"插入"面板，在幻灯片的最上方插入一个矩形和一个剪去单角的矩形，设置矩形和剪去单角的矩形的样式，并将矩形和剪去单角的矩形组合起来，如图 10-61 所示。

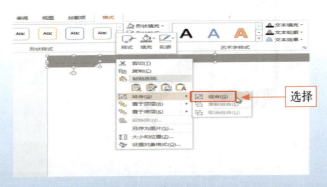

图 10-61　将矩形和剪去单角的矩形组合起来

223

步骤03：切换至"插入"面板，在组合图形上插入文本框，输入文字，并设置字体样式，如图10-62所示。

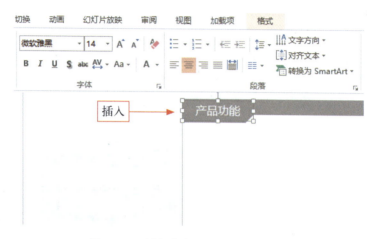

图 10-62　插入文本框并设置字体样式

步骤04：切换至"插入"面板，单击"图片"按钮，在计算机的合适位置选择图片插入，并调整图片的大小和位置，如图10-63所示。

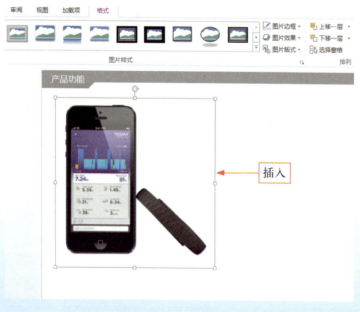

图 10-63　插入图片

步骤 05：在图片的右侧插入 2 个文本框，输入说明文字，并分别设置文字的字体样式，如图 10-64 所示。

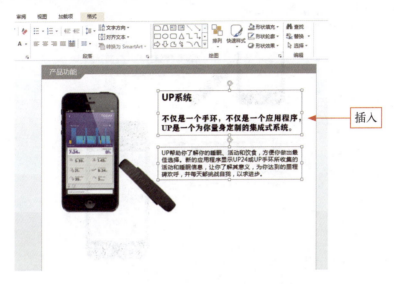

图 10-64 插入文本框并设置文字样式

步骤 06：切换至"插入"面板，单击"图片"按钮，在计算机的合适位置选择图片插入，并调整图片的大小和位置，如图 10-65 所示。

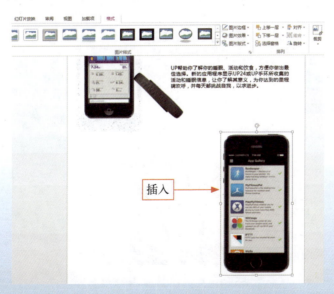

图 10-65 插入图片

步骤 07：在图片的左侧插入 3 个文本框，输入说明文字，并分别设置文字的字体样式，如图 10-66 所示。

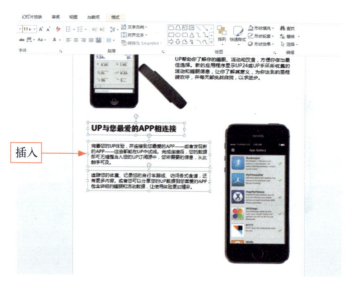

图 10-66　插入文本框

步骤 08：切换至"插入"面板，单击"图片"按钮，在计算机的合适位置选择图片插入，如图 10-67 所示。

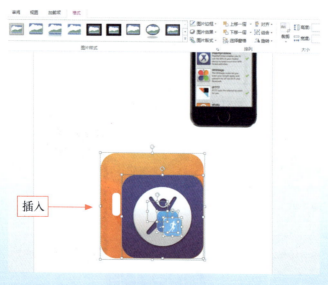

图 10-67　插入图片

步骤 09：将图片调整成同等高度，并整齐排列，在图片上方添加一个文本框，各个图片下方添加说明文本框，输入文字，设置字体样式，如图 10-68 所示。

图 10-68 插入图片及说明

步骤 10：复制"UP 与您最爱的 APP 相连接"部分的文本框并修改文字内容，如图 10-69 所示。

图 10-69 复制文本框并修改内容

步骤 11：切换至"插入"面板，单击"图片"按钮，在计算机的合适位置选择图片插入，将图片调整成同等高度，并整齐排列，在各个图片下方添加说明文本框，输入文字，设置字体样式，如图 10-70 所示。

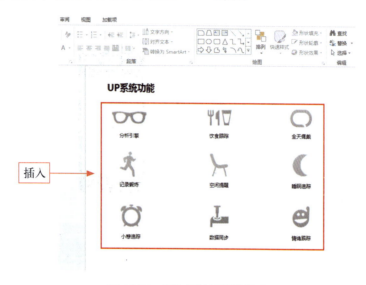

图 10-70　插入图片及图片说明

步骤 12：复制"产品功能"部分的组合图形及文本框至"UP 系统功能"下方，修改文本框中的内容，如图 10-71 所示。

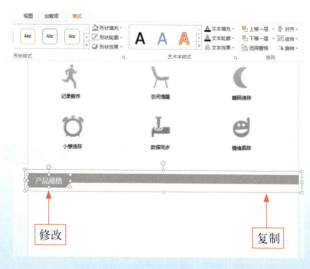

图 10-71　复制图形并修改文本框

步骤 13：切换至"插入"面板，在"产品规格"部分下方插入文本框，输入文字，并设置字体样式，如图 10-72 所示。

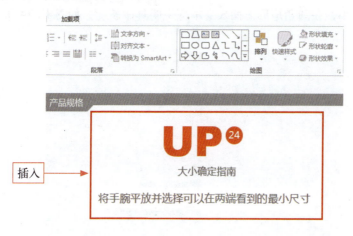

图 10-72　插入文本框

步骤 14：切换至"插入"面板，单击"图片"按钮，在计算机的合适位置选择图片插入，并调整图片的大小和位置，如图 10-73 所示。

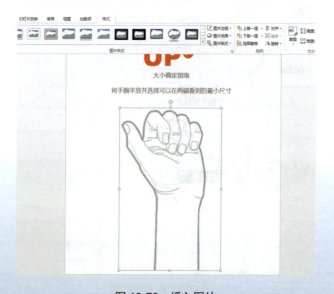

图 10-73　插入图片

步骤 15：切换至"插入"面板，在幻灯片的合适位置插入 3 个圆角矩形，并分别设置圆角矩形的样式，调整圆角矩形的长度，并在圆角矩形的左侧插入文本框，标明尺寸大小，在圆角矩形上插入文本框说明具体长度，如图 10-74 所示。

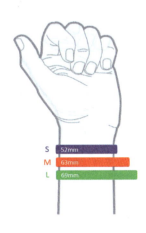

图 10-74　插入并设置形状

步骤 16：调整一些细节部分，整体效果如图 10-75 所示。

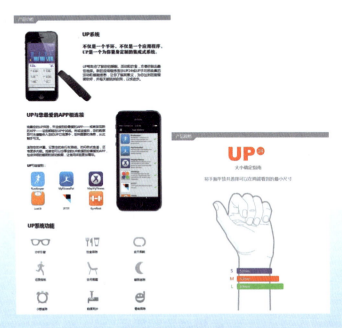

图 10-75　整体效果

10.5 案例 5：个人求职简历制作

个人简历是求职的必备品，一份与众不同的简历很有可能让求职者脱颖而出，因此信息图在个人简历上的应用值得学习和重视。

下面介绍用 Word 制作个人简历信息图。

步骤 01：启动 Word 2013，单击"空白文档"选项，新建一个空白文档，如图 10-76 所示。

图 10-76 单击"空白文档"选项

步骤 02：进入新建文档，切换至"插入"面板，单击"文本框"下方的下拉按钮，选择"简单文本框"选项，如图 10-77 所示。

图 10-77 选择"简单文本框"选项

步骤03：执行操作后，系统会直接插入一个文本框，将文本框移至文档的中上位置，设置文本框的"形状填充"为无填充颜色，"形状轮廓"为无轮廓，并输入文字"PERSONAL RESUME"，设置"字体"为"Impact"，"字号"为"28"，再单击"居中"按钮，如图 10-78 所示。

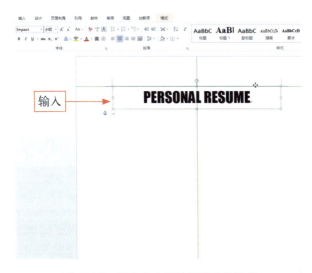

图 10-78　插入文本框并设置字体样式

步骤04：切换至"插入"选项卡，单击"形状"下方的下拉按钮，弹出下拉菜单，在"线条"栏中选择"直线"选项，如图 10-79 所示。

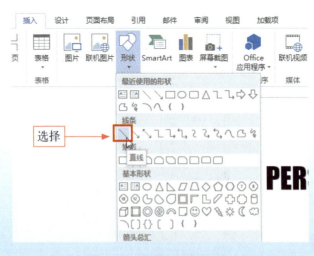

图 10-79　选择"直线"选项

步骤 05： 在页面正中位置插入直线，并设置直线的"形状轮廓"为"灰色 –25%，背景为 2，深色为 50%"，"虚线"为"短划线"，如图 10-80 所示。

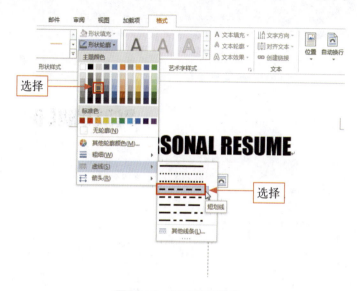

图 10-80 设置直线样式

步骤 06： 为了更好地将内容进行排版，我们可以插入直线，将版块进行大致划分，这些直线相当于参考线，最终是要删除的，如图 10-81 所示。

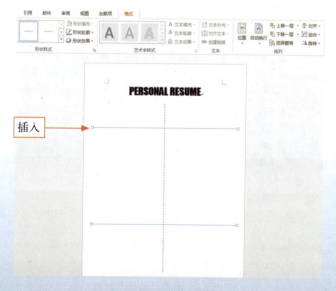

图 10-81 插入参考线

步骤 07：在第一根参考线的左上方插入文本框，输入求职者姓名以及寻求的职位，并设置文字的字体样式，如图 10-82 所示。

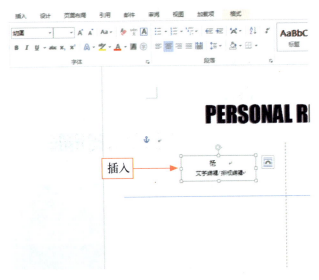

图 10-82　插入文本框

步骤 08：切换至"插入"选项卡，单击"形状"下方的下拉按钮，弹出下拉菜单，在"线条"栏中选择"箭头"选项，如图 10-83 所示。

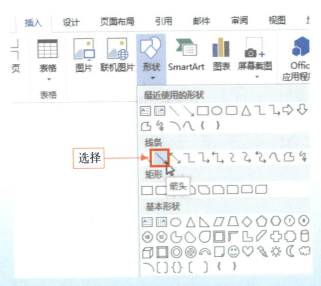

图 10-83　选择"箭头"选项

步骤 09：在文本框下方插入箭头，并设置箭头的"形状轮廓"为"灰色 –25%，背景为 2，深色为 50%"，如图 10-84 所示。

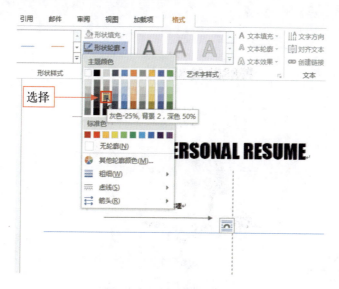

图 10-84　设置箭头样式

步骤 10：在第一根参考线的右上方插入文本框，输入求职者的联系方式以及联系地址，并设置文字的字体样式，如图 10-85 所示。

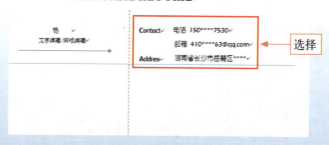

图 10-85　插入文本框

步骤 11：切换至"插入"面板，单击"图片"按钮，在计算机的合适位置选择图片插入，并在图片上单击鼠标右键，弹出快捷菜单，选择"大小和位置"选项，如图 10-86 所示。

图 10-86　选择"大小和位置"选项

步骤 12：执行操作后，弹出"布局"对话框，切换至"文字环绕"选项卡，选择"浮于文字上方"选项，再单击"确定"按钮，如图 10-87 所示。

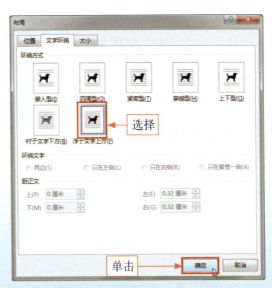

图 10-87　选择"浮于文字上方"选项

步骤 13：执行操作后，调整图片的大小和位置，如图 10-88 所示。

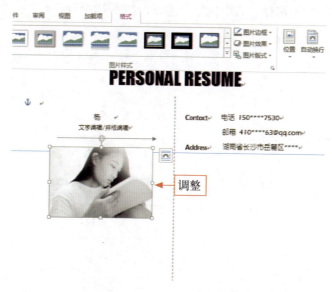

图 10-88 调整图片的大小和位置

步骤 14：在第一根参考线的左下方靠中线的位置插入文本框，输入求职者的相关工作经历，并设置文字的字体样式，如图 10-89 所示。

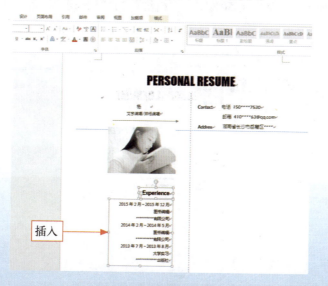

图 10-89 插入文本框

步骤 15：切换至"插入"选项卡，单击"形状"下方的下拉按钮，弹出下拉菜单，在"基本形状"栏中选择"右中括号"选项，如图 10-90 所示。

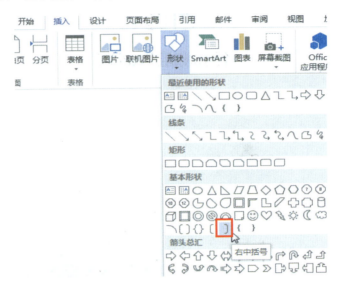

图 10-90　选择"右中括号"选项

步骤 16：在文本框右侧插入右中括号，并设置右中括号的"形状轮廓"为"灰色 –25%，背景为 2，深色为 50%"，"粗细"为"1.5 磅"，如图 10-91 所示。

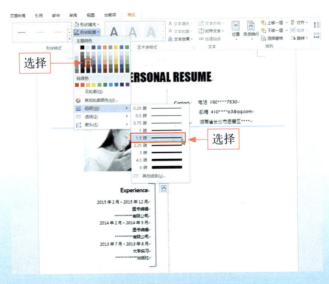

图 10-91　设置右中括号

步骤 17：选中 Experience 文本框，按 Ctrl 键的同时单击鼠标左键，拖曳复制文本框，复制 3 个文本框，并调整文本框的位置，如图 10-92 所示。

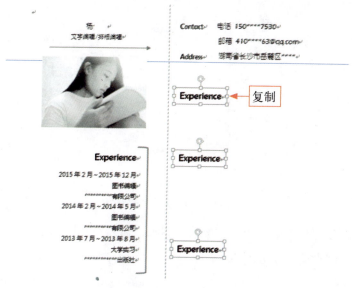

图 10-92　复制文本框

步骤 18：根据安排的内容，修改 3 个复制过来的文本框的文字，这部分可以根据自己的需要灵活修改，如图 10-93 所示。

图 10-93　修改文本框文字

步骤 19：在这 3 个文本框下方插入直线，并设置直线的"形状轮廓"为"灰色 –25%，背景为 2，深色为 50%"，"粗细"为"1.5 磅"，如图 10-94 所示。

图 10-94　插入并设置直线

步骤 20：分别在 3 条直线下方插入文本框，输入与小标题相契合的内容，并设置文字的字体样式，如图 10-95 所示。

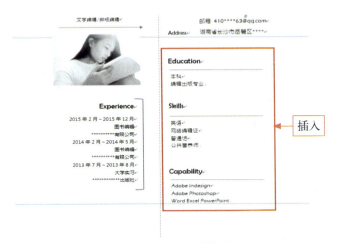

图 10-95　插入文本框

步骤 21：切换至"插入"选项卡，单击"形状"下方的下拉按钮，弹出下拉菜单，在"基本形状"栏中选择"椭圆"选项，在"Skills"和"Capability"下方的文本框右侧插入圆形，并设置圆形的"形状轮廓"为"灰色递减色系"，表示证书的级别以及软件的熟练度，再将圆形组合起来，进行对齐设置，如图 10-96 所示。

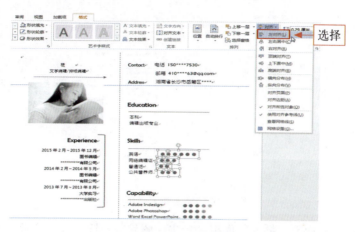

图 10-96　插入并设置圆形

步骤 22：选中"Experience"文本框，按 Ctrl 键的同时单击鼠标左键，拖曳复制文本框，复制 3 个文本框，调整文本框的位置，根据安排的内容，修改 3 个复制过来的文本框的文字，如图 10-97 所示。

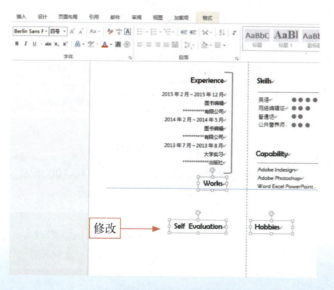

图 10-97　修改文本框文字

步骤 23：在左侧的 2 个小标题下插入文本框，输入文字，并设置文字的字体样式，在"Self Evaluation"部分，用矩形框把文字都框起来，设置矩形的"形状轮廓"为"灰色 –25%，背景为 2，深色为 50%"，如图 10-98 所示。

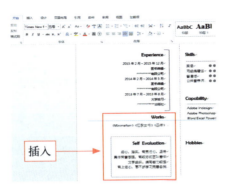

图 10-98　插入文本框和矩形

步骤 24：切换至"插入"面板，单击"图片"按钮，在计算机的合适位置选择图片插入后，调整图片的大小和位置，如图 10-99 所示。

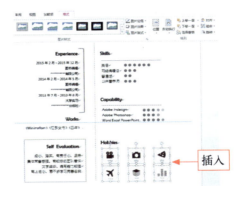

图 10-99　插入图片

步骤 25：将辅助线删除，对版式进行微调，如图 10-100 所示。

图 10-100　删除辅助线

步骤 26：导出为 PDF 格式，整体效果如图 10-101 所示。

PERSONAL RESUME

杨
文字编辑/排版编辑

Contact　电话 150****7530

　　　　　　邮箱 410****63@qq.com

Address　湖南省长沙市岳麓区****

Education

本科

编辑出版专业

Experience

2015 年 2 月~2015 年 12 月

图书编辑

**********有限公司

2014 年 2 月~2014 年 5 月

图书编辑

**********有限公司

2013 年 7 月~2013 年 8 月

大学实习

***********出版社

Skills

英语　●●●●●●●

网络编辑证　●●●●●

普通话　●●●●

公共营养师　●●●

Capability

Adobe Indesign　●●●●●

Adobe Photoshop　●●●●

Word Excel PowerPoint　●●●●

Works

《Minimalism》《江永女书》《四年》

Self Evaluation

细心，踏实，有责任心，坚持
集体荣誉感强，有较好的团队意识
文字组织、编写能力较强
有上进心，愿不断学习完善自我

Hobbies

 movie　 photo　 relish

 travel　 read　 music

图 10-101　整体效果

在插入图片之后，选中图片，单击 ⌒ 按钮，可以任意设置图片的位置，如图
10-102 所示。

图 10-102　设置图片位置